出口王仁三郎
【復刻版】三千世界大改造の真相

中矢伸一

ヒカルランド

はじめに——謎に満ちた出口王仁三郎

出口王仁三郎《でぐちおにさぶろう》の昇天から、すでに七十年以上が過ぎようとしている。

戦前には一世を風靡した彼であったが、もう一般には、彼の名は忘れ去られてしまったと言ってよい。

だが、近年になって、一部の間でふたたび再び彼の名が注目を集めるようになって来ている。

出口王仁三郎という人の生き方は、確かに波瀾万丈であり、また破天荒そのもので、そのカリスマティックで豪放磊落な人物像と共に、今日でも多くの人々を魅きつける力を持っている。

王仁三郎について書かれた本は、大抵の場合、予言者だとか、宗教・思想家として彼を扱っている。

確かに、彼は様々な予言も行っている。満州事変や第一次大戦の勃発、大東亜戦争時における本土空襲、原爆の投下、そして日本の敗戦などといった大きな出来事を予言、ことごとく的中させたと言われる。

また「大本《おおもと》」という教団の最高指導者でありながら、王仁三郎は、「宗教が世界から全廃される時が来なければ駄目なのだ」とも喝破した。彼は明らかに、一つの宗教を世に広めるなどという、狭いワクに囚われていなかったのである。

世界同胞、万教同根を唱え、グローバルな視野を持ち、海外の宗教団体とも積極的に手を結び、ネットワークを拡げた。単なる宗教家と見た場合でも、王仁三郎は間違いなく、スケールの大きな国際人であった。

また、謎とされている行動や言動も多く、非常にミステリアスな部分もあり、これがかえって多くの人を魅了してしまうようだ。

王仁三郎が、こうして多くの人に知られ、関心を持たれるようになって来ていることは、良い傾向と思われる。

というのは、彼の行ったことを掘り下げて行けば、われわれは重大な事実に直面せざるを得ないからである。

1991年に『日月神示《ひつきしんじ》』という本を出版して以来、私は日月神示関連の著作を世に出し続けているが、じつは日月神示のみにこだわっているわけではない。日月神示という文書が生まれた霊的な流れ――「霊脈」とでも言うべきものがあることを理解し、その本質をつかむことがより重要なのだ。

その霊脈を探る上において欠かせないのが、「大本」と出口王仁三郎なのである。

日月神示は、大本とは無関係のところに降ろされたものであり、一見、独立した天啓のようだが、けっしてそうではない。

詳しく内容を検討すれば明らかなように、日月神示とは、大本から続く霊脈から発生したものである。

王仁三郎は、大本という宗教運動を、世界の五大陸にまで拡げた。しかし、王仁三郎を、一人の宗教家だとか、予言者などといったレベルでとらえようとしても、本質的なことは見えて来ない。彼はそのような範疇におさまる人物ではなかった。

その「本質的なこと」を知るには、もっとマクロ的視点から、広く日本の近代史に興った霊的磁場の発生に目を向ける必要がある。

何故なら、大本自体もその霊的な動きの中で発生させられたものだからである。

その一連の霊的な動きの発端は、江戸末期に起こり始めている。

文化11年（1814）、岡山の祠官であった黒住宗忠《くろずみむねただ》が、「天命直受《てんめいじきじゅ》」という神人合一の体験をしたことにより発生した黒住教がそれである。

さらにこの動きは、天保9年（1838）、奈良の富裕な農家の主婦であった中山みきが、突然〝神憑かり〟となることによって興った天理教につながる。

続いて、やはり岡山のごく普通の農民であった川手文治郎《かわてぶんじろう》が、安政6年（1859）、「立教神伝」と呼ばれる神勅を受けたことにより、金光教《こんこうきょう》が発生する。

そして、明治25年（1892）、丹波《たんば》の綾部《あやべ》で極貧生活を送っていた出口ナオが、突然に激しい〝神憑かり〟となるのである。

ナオに憑かった〝艮の金神《うしとらのこんじん》〟なる神は、ナオの口を割ってこう宣言した。

「天理・金光・黒住・妙霊、先走り、とどめに艮の金神が現われて、世の立て替えを致すぞよ」つまり、これらの各宗教は、大本に至るまでの一連の霊的磁場の発生としてとらえるべきものなのである。

それは、抑圧されて来た日本古来の神々の、神界復権を予告するものであった。

これまで地上世界は、「我れ善し《わよし》」「強い者勝ち」主義を振りかざす悪神・悪霊たちの活動により乱れに乱れ、もはやどうにもならない段階にまで来ている。そこに、日本に押し込められていた正神・艮の金神が表に現われ、世界に神の秩序と威光を取り戻すための大立て替えを断行することになったというのである。

そのため、黒住、金光、天理などの各教祖を使ったのだが、人が集まり出すにつれて宗教化されてしまい、神の経綸《しぐみ》はまったくと言っていいほど進展しなかった。

そこで、「きかねばきくようにしてきかす」という意味において、強制的に世を立て替える役割を担った大本が、発生させられたのであった。

ナオの肉体を機関として地上界に現われた〝艮の金神〟は、王仁三郎の登場によって世に出され、大本は飛躍的に世界に発展する。

日本から興った宗教運動で、大本ほど世界に拡大したという例は、過去においても、現在においてもないのではなかろうか。

ところが、その世界的な運動も、王仁三郎が昇天と共に、かき消すようにこの地上界からなくなってしまった。現在でも、大本という宗教団体は存在するが、その規模は、かつての五大陸を凌駕した頃のそれと比べると、遠く及ばないほど小さなものである。

キリスト教は、イエスの死後に使徒によって布教され続け、全世界に広がった。

もし、王仁三郎が、短期間で世界の隅々にまで教線を拡げるほどの活動を展開した偉大な宗教家であったなら、今でもその大運動が、信者や賛同者たちにより受け継がれているはずである。

それが、王仁三郎の昇天後、アッという間に火が消えたようになってしまったということは、王仁三郎は、偉大な〝宗教家〟ではなかったことになる。

彼は、はるかに別な次元から大本というものをとらえていた。そして大本という教団を通じ、忠実に天から与えられた使命を遂行したのであった。

だが、先にも述べたように、この動きは、日本に秘められていたある巨大な霊的磁場の発生の一環として常にとらえるべきものである。

王仁三郎の陰に隠れてしまって余り世に知られていない霊的な動きの中にも、重要な部分がある。『日月神示』などはその最たるものであった。

こうした霊的動きの全体像は、一つの宗教や、善悪の観念に囚われていたのでは、絶対につかみ切れないのである。

その全体像を正確にとらえることができれば、神の経綸の真相が、少しずつわかってくる。神の経綸の真相がわかってくるということは、現在われわれが置かれた状況が見え、どのような未来が待ち受けているかもわかり、そしてそれに対してどういう行動を取ればよいかということも自ずから判明するということである。

今から約130年前、出口ナオを肉体を通じて〝艮の金神〟は、三千世界の立て替えを断行し、この世はさっぱり新《さら》つの世に変えてしまうと宣言した。

だが、そのような大きな立て替えは、今のところ起こっていない。それでは、〝艮の金神〟の言ったことは、ウソだったのか。王仁三郎が生涯をかけて行った神業は、結局無駄だったのか。

実は、そうではない。

世の立て替えというのは、これから起こるのである。

王仁三郎の放った予言は、これから成就するのである。

本書を読み進めて行かれるに従って、そのことはおいおいおわかり頂けるだろう。

今こそわれわれは、王仁三郎に好奇の視線を寄せるだけではなく、真剣に、彼の言動や行動を検討し直してみるべき時に来ている。

本書が、日本及び世界の現状と未来を考える、心ある読者の一助となれば幸いである。

中矢　伸一

プロローグ　出口王仁三郎が解れば神の経綸が見えてくる！

新宗教の元祖・出口王仁三郎

一般的な日本人は、とくに宗教も持たず、神仏とは何か、人は何故生きるのかなどといったことも考えず、ただ日常のことに追われているという人が大部分であろう。

ところが、日本には、戦前から戦後にかけて〝雨後の筍《たけのこ》〟の如く発生したいわゆる「新宗教」の数は驚くほど多い。そしてそのそれぞれが、何十万、何百万という信者を抱えている。

まったく宗教に関心のない人でも、選抜高校野球でよく登場する「天理」や「ＰＬ」と言えば、名前くらいは知っているだろう。

他にも、「真如苑《しんによえん》」「立正佼成会」「真光《まひかり》」「世界救世教」「生長の家」「白光真宏会《びやつこうしんこうかい》」「霊友会」「ＧＬＡ」といった諸団体は、どこかで耳にしたことはあるだろうし、知り合いが信者として活動している、という人もいるかもしれない。

日本人は「神サマ」が好きなのだろうか。

バブル崩壊後、日本の経済成長に〝かげり〟が見え始め、東日本大震災などの天変地異や異常気象が相次ぐようになり、神仏にでもすがりたいと感じている人は増えているのかもしれないが、日本人の宗教好きは、今に始まったことではない。

戦前の貧しい時代には、新興の宗教が、荒廃する民衆の心の寄りどころとなった。

暮らし向きが豊かになり、飢えることのなくなった今日であっても、人々は相変わらず神仏を求め、宗教は常に盛んである。

しかし、何故人々はいつの時代でも宗教に走るのか、といった社会心理学的分析は、私の興味の対象ではない。というのは、私自身、有神論者であり、とくに現代の新宗教、中でも神道系の新宗教に深い関心を寄せる一人だからである。

こうした一連の宗教的――神霊的と呼んだ方が正しいのかもしれない――な動きを理解するには、学術的な分析をいくら試みたところで、真実はわかるものではない。

世界においても日本ほど霊的バイブレーションの高い国はなく、それが為に様々な宗教が発生してしまうのは当然のことなのである。

神霊的な正しい知識と理解に基づき、「神」の目的はどういったところにあるかを見分けることができれば、宗教が何故発生するのかということも自ずとわかってくる、というのが私の信条である。

さて、現在盛んな新宗教系の団体は、ほとんどが二代や三代、場合によっては四代目、五代目が「教祖」を務めている。つまり、創設者はもうすでに昇天してしまって、この世にはいないというところが多いのだ。

これは、新宗教の発生が、江戸末期から昭和初期にかけて集中していることを物語っている。

確かに、この時期に生まれ、独自の道を切り開いた宗教・思想家には、〝大人物〟と称しても過言ではない人々が少なくなかった。

彼らは人格的にも立派であり、人望が厚く、研究熱心で艱難辛苦にもよく耐え、一派を興すのに十分な器量を備えていた。

その中でも、特筆すべき人物が、出口王仁三郎であった。

明治、大正、昭和と、激動の時代を駆け抜けた彼の名は、90年代に入ると世紀末ブームとも相まって、再び注目を集め出した。

王仁三郎は、丹波の地に「大本」（俗に「大本教」と呼ばれるが、正しくは「大本」であり、以下そのように統一する）を興したが、まさに「大本」は、その名の通り、現代の神道系新宗教のルーツ的存在となっている。

出口王仁三郎なくして「大本」は語れず、「大本」なくして〝神の経綸《しぐみ》〟は語れないのである。

ホンモノの霊能者だった出口王仁三郎

近年はあまり見かけなくなったが、ひと昔前まで、いわゆる「霊能者」の類がテレビなどのメディアで取り上げられ、もてはやされることもあった。彼らの活躍の場は今やインターネットやSNSに移っているのかもしれないが、ホンモノの霊能者というのは、けっしてそういうところには出て来ないものである。

ただ、本当の意味において「霊能者」と呼ばれるにふさわしい人は、今日では皆無に近いということもある。昭和から平成、そして令和へと時代が移るにつれ、かつていたようなホンモノの霊能者、あるいは霊的指導者たちは、まったくと言っていいほど姿を消してしまった。

それでは、ホンモノの霊能者とはどういうものか。ホンモノの霊的指導者というのは、果たしてどういう人間をさして言うのか。

その定義には、いろいろあると思われるが、敢えてこれについて理屈で説明するよりも、出口王仁三郎という人物を、これから本書で考察することにより、読者の判断を仰ぎたい。

出口王仁三郎こそは、近代宗教史上まれに見るホンモノの霊能者であった。

その能力は、単に病気治しなどの小さなものに留まらず、言霊《ことだま》を駆使して天候を操り、霊界と現界の間を自由に往来し、過去・現在・未来に亘って世の条理を窺い知るという、およそ時空間を超越したものだった。

そしてそのような霊能力に裏打ちされたカリスマ性は、「大本」をして世界的な宗教運動とならしめた。実に丹波地方の綾部という片田舎に興った無名の教団は、わずか20年足らずの間に五大陸を凌駕するまでに成長したのである。

戦後からこのかた、あらゆる分野で「国際化」が叫ばれているが、王仁三郎はとうにその時代の潮流を先取りしていた。

似た主旨を持つ海外の宗教団体と積極的に提携し、国際公用語であるエスペラント語を採用し、信徒たちに学ばせたのも、王仁三郎である。

今でも当時の「大本」に匹敵するほどの規模と勢いを見せる教団はないと言える。

それもひとえに、王仁三郎の指導力によるところが大きかったが、王仁三郎とともに軽視してはならないのが、「大本」の開祖、出口ナオの存在である。

二人の教祖、ナオと王仁三郎

「大本」には教祖に相当する人物が二人いる。一人は「聖師」と呼ばれる王仁三郎で、もう一人が「開祖」と呼ばれる出口ナオである。

「大本」では、明治25年に起こったナオの最初の帰神《きしん》（神憑かり）をもって開教としている。

以後、ナオは筆を使った自動書記（手が勝手に動いて文字などを書く心霊現象のこと）で神の言葉を取り次いでいく。「筆先」と呼ばれるこの〝天啓〟は、20枚ずつ束にした半紙を一巻として、計一万巻にも及ぶ。これが、信者の間で絶対的な権威を持つようになる

『大本神諭《しんゆ》』である。

王仁三郎は、もとの名を上田喜《き》三郎《さぶろう》という。ナオと出会いは明治31年のことで、後に出口家の養子となり、五女の澄と結婚し、出口姓を名乗るようになった。

王仁三郎はナオの筆先をベースに、本田霊学や大石凝《おおいしごり》霊学を加えた独特の教義を確立し、「大本」の基礎を築いた。つまり、ナオが直接に神の言葉を取り次ぐ、いわば「縦」の役であったのに対し、王仁三郎は神の教えを万人にわかりやすく説き聞かせる「横」の役割を担ったのである。

「大本」では、この「縦」「横」あやなす経綸により、三千世界（神界・幽界・現界の三界）が立て替え、立て直されて、「みろくの世」が実現すると説く。

面白いことに、二人の教祖は、まったく正反対の性格を持っていた。

ナオは、終生贅沢を好まず、実直で、つつましやかであり、晩年になって信者が増えたときでも常にその生活はいたって質素であった。

一方の王仁三郎は、豪放磊落、天衣無縫の言葉にふさわしく、やること為すこと型破りで、なおかつ人間的な魅力にあふれていた。

ナオの方は、神の「やしろ」とはかくあるべしという気高さがあり、王仁三郎には、霊的指導者としての素養とともに、人を魅きつけるのに十分な人間臭さがあった。これはまさに、「縦」と「横」の御役の違いと理解すべきであろう。

こうしたことから、ナオの方が〝霊格〟が高く、王仁三郎はいわば「八合目」であるとする説もある。

ともかく、王仁三郎は「横」の御役の本領を発揮し、王仁三郎の登場とともに「大本」は急速に教線を拡大して、黄金時代を迎えることになる。

だが、戦前の、言論・思想の統制下にあった不穏な情勢は、王仁三郎を中心に膨れ上がる「大本」を許さなかった。

澄夫人とくつろぐ王仁三郎

そして当時の官憲は、「大本をこの世から抹殺せよ」の大号令のもと、日本の宗教史上他に例を見ないと言われるほどの徹底的な弾圧を行い、王仁三郎以下多くの幹部を逮捕、投獄した。
昭和10年に起こったこの弾圧事件以降、「大本」は火の消えたように衰え、王仁三郎も保釈後は目立つ活動もせずに昇天する。

結局、ナオや王仁三郎の存命中に予言されたような「世の大峠」や「みろくの世」の到来はなかった。とすると、やはりナオの取り次いだ神の言葉というのは、ウソ八百だったのだろうか。王仁三郎に率いられ、世界中に勢力を拡げた「大本」とは、それでは一体何だったのだろうか。

未来を見通す予言者であれば、弾圧が事前に予測できなかったはずはない。

こうした疑問について、本書では逐一解答していくが、ここでは一つだけ、記憶に留めておいて頂きたいことがある。

それは、王仁三郎は「大本」を通じて、世界大改造の「型」を実地にうつす使命を遂行したのだ、とする説である。

王仁三郎は、世界大改造の「雛型」を行った

「雛型経綸《ひながたけいりん》」という言葉がある。

神界に起こったことが、幽界に投影され、地上に移ってくる。そして、地上現界においては「大本」に起こり、「大本」で起こったことが日本に、さらに世界に移写拡大して、

世のすべてが立て替え、立て直されるという、神秘なる〝経綸《しぐみ》〟のことである。

つまり「大本」は、世界の立て替え、立て直しの「型」を「演じた」のであって、これが次に日本の立て替え、立て直しとなって移り、最終的には世界の立て替え、立て直しとなって現われて「みろくの世」が顕現する、というのだ。

ナオの「筆先」である『大本神諭』には、

「大本にあったことは必ず日本と世界に実現する」

などという表現が随所に出てくるし、王仁三郎自身もまた、

「大本に在りた事は皆世界にある。即ち大本は雛型《かた》をするところである」

と述べている。

確かに、「大本」は当時の官憲に潰されたが、その官憲は大東亜戦争を通じ、アメリカ軍により潰されることとなった。帝国主義、覇権主義、軍国主義に立脚した日本の国家権

力は、「大本」に弾圧を加えた時点で、自らの首をはねたのである。

一宗教団体に起こったことが「型」となり、日本や世界に移るなどということは、常識的に見れば信じ難いことだろう。しかし、そう考えてみると、王仁三郎のとった不可解な行動――その詳細については本書でもできるだけ触れる――や、「大本」内部に起こった様々な事象は、キレイに謎が解けてくるのである。

「大本」の歴史を見てみると、後に教祖として一派を興すような人物が、多く出入りしている。また「大本」内部の人間から、活動を攪乱《かくらん》させるような者が出ている。彼らは時に王仁三郎の右腕となり、時に反勢力としてまっこうから王仁三郎に対立した。

「大本」は、けっして一枚岩ではなく、王仁三郎の意志一つで常に左右できたわけでもなく、様々な思惑が絡み、善と悪が拮抗していた。

この「善」と「悪」が鑑《かがみ》となり、一つの「雛型」を演じたというのである。

『大本神諭』には、こう示されている。

「この（大本）内部のごたごたが世界に出来るぞよ。いつ大本にこういう事がありたという事を、つけとめておいて下されよ、世界の〝かがみ〟になる大本であるから、世界にあること、雛型《かた》をして見せるぞよ」

右の意味からすれば、「善」も「悪」も、芝居の役者のようなもので、世界の立て替え、立て直しの「型」を演ずるために、なくてはならない存在だったと言える。

戦前の大本というと、出口王仁三郎という人物一人がクローズアップされてしまう観があるが、王仁三郎だけを取り上げて英雄視するのは正しくない。王仁三郎の他にも、「善」を演じた役者もいれば、「悪」を演じた役者もいる。王仁三郎を陰で支えた霊能者もいる。

例えば、ナオの三女である久《ひさ》は、やはり「神憑り」となり、自ら〝神〟の言葉を発して反王仁三郎勢力の筆頭となる。彼女は、『日乃出神諭《ひのでしんゆ》』なる教典を遺しているが、これも「雛型」の真相を解明する上で重要な資料となり得る。

また、王仁三郎のいわゆる「入蒙」（蒙古入り。モンゴル遠征）を画策した矢野祐太郎は、海軍のエリート軍人でありながら優れた霊能者でもあり、後年王仁三郎とも対立するが、自ら『神霊密書』という神典を書いている。

さらに、「大本の浅野か浅野の大本か」と言われるほどに目立った活動を展開し、離脱後に「心霊科学研究会（後の日本心霊科学協会）」を設立する浅野和三郎《わさぶろう》、「生長の家」を創立する谷口正治《まさはる》（雅春）、〃おひかりさん〃として知られる「世界救世教《メシア》」を創立する岡田茂吉、「神道天行居《しんとうてんこうきょ》」を創立する友清歓真《ともきよよしさね》などが、大正初期の「大本」にあって論陣を張っていた。

こうした面々も、「雛型」の一翼を担ったと見るべきだろう。

出口王仁三郎や「大本」をテーマにした本は、いくつも出回っているが、たいていは表面に表われている部分のみをなぞったものとなっている。それだけでは、本質は永遠にわからない。全体像を見極め、「裏」の動きまでとらえることにより、はじめて神の経綸の真相が、その姿を現わしてくるのである。

王仁三郎の放った予言は、これから成就する

「大本」は「型」を行うところであり、「大本」に起こったことが日本に起こり、世界に起こると、ナオの筆先にも、王仁三郎の言葉でも、予言されていた。だから、「大本」を弾圧した日本の国家権力は、戦争に負けたのだ——。

こういう解説をしている本は、実は少なくない。日本の武装解除は、やがて世界の武装

解除につながってゆくだろう、と分析する向きもある。

王仁三郎が、「大本」を通じて立て替え、立て直しの「型」を行ったということは、ある程度知られている。

だが、そうした説には、根本的な解釈の違いがある。

それは、「大本」で起こったことが、日本の敗戦という形で移写拡大して起こり、これをもって「型」のプロセスが実現したのだ、としているところである。

確かに、「大本」にあったことが日本に移写すること自体、間違いではない。だが、「大本」が本当に「型」を行うところであったとすれば、本格的な日本の大改造は、これから起こるのである。

「大本」の弾圧というのは、実は二度起きている。大正10年と、昭和10年の二回である。

大正10年の「第一次弾圧」の時は、神殿の破壊や神体などの押収、王仁三郎と浅野和三郎の逮捕、幹部の家宅捜索といったものであったが、「大本」の息の根が止まるところまではいかなかった。それどころか、この事件により王仁三郎に対抗するような旧幹部たちが一掃され、「大本」は以前にも増して勢力を増すようになった。

これはそのまま、日本の敗戦と、その後の経済復興という形で移写している。

しかし、昭和10年に起こった「第二次弾圧」は、一度目をはるかに凌ぐ、大がかりで徹底したものであった。この出来事は、日本の近代宗教史上における最大の弾圧事件として知られている。

この「第二次弾圧」により、「大本」は完全に潰され、組織は解体させられた。

これは、何を意味しているのか。

それは、「大本」にあったことが日本に移るとすれば、日本の「二度目」の立て替えは、これから移るということに他ならない。

大東亜戦争の敗戦ですべてが終わったわけではない。これから起こるのである。

王仁三郎は生前、そのことも明確に予言し、そのための準備もしていた。正確には、王仁三郎というより、王仁三郎を使った「神」なる存在は――ということになろう。『大本神諭』や王仁三郎によって示された予言は、これから成就する。

何故そうなるのか、何が起こるのか、その時われわれは何をすれば良いのか。それを、本書においてこれから出来得る限り詳しく論じていくことにする。

まずは、出口王仁三郎という人物の名を初めて耳にする読者のために、またすでに知っている読者にとっては新たに整理する意味も兼ねて、出口王仁三郎とは何をした人だったのか、「大本」とはどういう教団だったのか、という点について、詳しく迫ってみることにしよう。

目次

第一章　大化物・出口王仁三郎とは何者か

第二章　王仁三郎は、世界大改造の「型」を行った

第三章　世界大改造の雛型経綸の実際と「日の出の神」の謎

第四章 王仁三郎の予言はこれから成就する！

第五章 「身魂」を磨けば大峠を乗り越えられる

装丁　櫻井浩（⑥Design）
本文仮名書体　文麗仮名（キャップス）

第一章

大化物・出口王仁三郎とは何者か

上田喜三郎＝出口王仁三郎の誕生

昭和17年8月7日、まもなく71歳になろうとしていた出口王仁三郎は、大阪控訴院による仮保釈決定を受け、6年8ヶ月ぶりに出所し、自由の身となった。

それから彼は拘置所近くの讃岐屋《さぬきや》旅館に入り、休息をとる。旅館には新聞記者が大勢詰めかけ、王仁三郎は上機嫌で彼らの質問に答えながら、衰えぬ磊落ぶりを見せている。

「予審判事が、お前は世界の独裁者になるつもりだったろうと言うので、こんな狭苦しい世界の王様なんかに、世界中が頼んでもなってやらん。まあ三千世界中がよって三千世界の王様にでもなってくれと頼むなら、ヒョッとすればなってやらぬものでもない、と答えた」

同じ日の夕方、彼は「大本」本部のあった亀岡の天恩郷《てんおんきょう》に戻った。昭和10年12月8日の弾圧事件で逮捕されて以来、初めて目にする「大本」の聖地であった。

徹底に徹底を重ねてこなごなに打ち砕かれ、廃虚と化した天恩郷の無残な姿を見た王仁三郎は、それまでの機嫌が嘘だったかのように消え失せ、厳しい表情で語気荒く、側の者にこう語ったという。

「このように、日本はなるのや。亀岡は東京で、綾部は伊勢神宮や。神殿を破壊しよったんやから、宮城も空襲をされるのや」

日本がポツダム宣言を受託し、無条件降伏という形で戦争に終止符を打ったのは、それからちょうど3年後の、昭和20年8月15日のことであった。

亀岡本部の天恩郷は、明智光秀の旧城・亀岡城跡地に建設されたものである。

出口王仁三郎は、明治4年（1871）8月22日、この亀岡の穴太《あなお》という地で生を受けている。

後に出口ナオの養子となって改名するまで、彼の名は「上田喜三郎」であった。

喜三郎が生まれた上田家は、文字通り赤貧を洗うが如き小作農で、当時食うや食わずの生活を送っていた。父親の名を吉松、母は世祢といった。二人は五男三女をもうけたが、喜三郎はそのうちの長男であった。

喜三郎の祖父は、父親と同じく吉松といったが、この祖父が語ったところによると、上田家には昔から、七代目ごとに必ず偉人が現われて、天下に名をあらわすとする言い伝えがあるという。祖父・吉松の五代前、上田家からは、江戸中期の画壇にその名を轟《とどろ》かせた上田主水《もんど》、すなわち円山応挙《まるやまおうきょ》が出ている。そして、応挙から数えて七代目の子孫に当たるのが、喜三郎だというのである。

また一説によると、喜三郎の実の父は吉松ではなく、明治維新における倒幕軍の総大将を務めた有栖川宮熾仁親王《ありすがわのみやたるひと》の落胤《らくいん》であったとも言われる。

これらを事実として裏付ける確たる証拠はないが、王仁三郎が自らのカリスマ性を打ち立てる材料として、このような自分の出生にまつわる噂を巧みに利用したことは十分に有り得る。

喜三郎4歳の時、次男の由松《よしまつ》が生まれると、喜三郎は上田家に同居していた母方の祖母・宇能の手にゆだねられるようになる。

宇能は、言霊学中興の国学者、中村考道《こうどう》の妹であったと言われる。

7歳の秋、喜三郎は漆《うるし》にひどくかぶれ、身動きできない状態となり、9歳の春まで寝込んでしまう。そのため小学校にも行けず、教育はもっぱら祖母の宇能により施された。「大本」の教義として重要な位置を占める言霊学の洗礼を彼が受けたのはこの時である。

成人してからは頑健な肉体を誇る王仁三郎も、幼い頃はとかく病弱であった。空に浮かぶ雲ばかりいつまでも眺めていたり、一風変わったところがあったことから、「少し足りない」という意味で「八文喜三《はちもんきぞう》」というあだ名を友人たちにつけられ、からかわれたりしたこともあった。

しかし、頭脳は人並はずれて明晰で、明治16年、わずか13歳の時に代用教員として採用され、それまで一緒に机を並べて勉強を共にしていた学童たちを前に、一年以上にわたって教鞭を取っている。

また当時は大人でもまだ文字の読めない人も多く、そうした人たちに新聞を読んで聞かせるなど、幼い頃から神童と呼ばれたというが、上田家の家計は相変わらず苦しく、喜三郎も家の農事を手伝ったり、醬油売りをしたり、近所の豪農に住み込み奉公に出たり、荷物運搬の車引きをしたりと、苦労が絶えなかったようだ。

明治26年、22歳になった喜三郎は、園部《そのべ》の町で牧場を経営する従兄のところに移り住んで、酪農を手伝うかたわら、独自に獣医学を研究する。そして26歳の時に穴太に戻ると、

「上田牧牛場」を開き、当時としてはまだ珍しかった牛乳を生産する「精乳館」を開業した。

この頃の王仁三郎は、まだ自分の進むべき道に気づいていない。若気にまかせて、将来の〝宗教家〟としてはまったくふさわしくない、無軌道な日々を送ることもあった。時には酒におぼれ、時には女にうつつをぬかした。腕力と度胸にものを言わせ、侠客まがいのこともやっていた。

そして28歳の時、その後の運命を決定付けた大きな出来事が彼の身に起こる。

高熊山の修業で救世の使命を自覚

明治31年、喜三郎は、女がらみのいざこざから、穴太の浄瑠璃会の席で暴漢たちに襲われ、袋叩きの目にあう。

急を聞いて駆けつけた友人たちにより、危ういところを救われた喜三郎は、ボロボロの状態で牧場の小屋に運びこまれた。

その翌早朝、3月1日のことである。

床から起き上がって平伏し、傷の平癒を祈願していた喜三郎の前に、一人の洋服姿の男が、忽然《こつぜん》と現われた。男の正体は〝天狗〟であり、名を松岡と名乗ったという。

喜三郎は、この不思議な男にいざなわれ、フラフラと小屋を出る。そして気が付くと、そこから2キロほど離れたところにある高熊山の岩窟に座していた。

この時喜三郎の前に現われた男は、富士浅間神社の祭神である木花咲耶姫命《このはなさくやひめのみこと》の眷族《けんぞく》霊、芙容《ふよう》仙人であったとされる。

高熊山に一人、着の身着のままで入った喜三郎は、7日間にわたり、断続的な一種のトランス状態に入る。そして、身は中腹の岩窟に端座したまま、霊魂のみが肉体を遊離して神霊界を駆けめぐり、その結果「過去・現在・未来に透徹し、神界の秘典を窺知《きち》し得ると共に、現界の出来事なぞは数百年数十年の後まで知悉《ちしつ》」することができたという。

喜三郎はまた、一週間に及ぶこの高熊山修業によって、「天眼通《てんがんつう》・天耳《てんじ》通・自他《じたしん》神通・天言《てんげん》通・宿命《しゆくめい》通の大要を神得」すると共に、救世の使命をはっきりと自覚した。

ちなみにこの高熊山での神秘体験は、第一次大本事件後、王仁三郎の口述筆記の形で『霊界物語』として発表され、出口ナオの『大本神諭』と並ぶ代表的な教典となる。

高熊山から降りた喜三郎は、穴太の精乳館を廃業にすると、園部に移り住み、鎮魂と幽斎修行（霊憑かりを主体とした神業）を教え始める。

それから間もない同年4月、駿河の月見里《やまなし》神社に付属する稲荷講社総本部から、三ツ屋喜右衛門《きえもん》なる使いの者がやって来て、喜三郎は同講社に招かれた。そして稲荷講社総長を務めていた長沢雄楯《かつたて》と初めて対面した。

長沢は、霊学中興の祖と言われる本田親徳《ちかあつ》の弟子であったが、喜三郎を見込んで白川神道系の本格的な鎮魂帰神法（意図的に神憑かり現象を起こす修法のこと）を三日間にわたり教授した。本田親徳の再興した鎮魂帰神法は、後に「大本」の発展に大きく寄与することになる。

なおこの時、長沢の審神《さにわ》（憑かった神がいかなる神かを審定する法）により、高熊山で喜三郎に憑かった神霊は、「小松林命《こまつばやしのみこと》」といい、素盞嗚尊《すさのおのみこと》の分霊であることが判明している。

駿河から多くを得て郷里に戻った喜三郎は、長沢の稲荷講社所属の霊学会をつくり、さらなる幽斎修業に励んだ。

そんな折、喜三郎は小松林命から次のような神命を受ける。

「上田喜三郎、乾《いぬい》（北西）を指して行け。お前を待つ人がいる」

こうして喜三郎は、行き先に何が待ち受けているとも知らぬまま、旅仕度を整え、北西の方角へ向けて穴太を発つのである。

「艮の金神」がナオにその存在を告げた

ここで少し時代を遡り、出口ナオの出生から喜三郎との出会いまでを説明しておこう。「大本」の開祖となる出口ナオは、天保7年（1836）12月16日、丹波・福知山《ふくちやま》の貧しい大工であった桐山家に生を享《う》けた。折しも、天保3年から7年というのは、全国に飢饉が巻き起こった時期であり、福知山藩内でも多数の餓死者が出た。世に言う〝天保の大飢饉〟である。ナオの生家も家計は苦しく、ためにナオも危うく堕胎されかけたという。

17歳の時、綾部に住む叔母の出口ゆりの養女となり、ナオも出口姓となるが、ゆりはその後間もなく自殺してしまう。

18歳の時、四方豊助《しかたとよすけ》と結婚。豊助は出口家を継ぎ、政五郎《まさごろう》を襲名する。

二人の間には三男五女が生まれた。末っ子の澄《すみ》を生んだ時、ナオはすでに48歳という高齢だった。ちなみにこの澄は、後に上田喜三郎と結婚し、「大本」二代目教祖となる。

政五郎は腕の立つ大工であったが、酒と芝居が三度の飯より好きで、家の経済状態はますます悪くなる一方だった。

ある日軽い中風《ちゅうぶ》にかかった彼は、仕事中に廂《ひさし》から落ち、それがもとで全身不随の状態となって、明治20年、60歳で死去する。ナオ、52歳の時である。

幼い子らを抱えながら未亡人となった彼女は、後に「この世でまずない苦労をした」と語っているように、極貧の生活が続いている。家庭も、一家離散に近い、悲惨な状態にあった。

長女の米《よね》は博徒と駈け落ち、二女の琴は京都に逃げ出し、行方不明となっている。

長男の竹蔵《たけぞう》は、大工の奉公に出ていたが、ノミで咽喉を突いて自殺を図り、命はとりとめたものの、回復後に失踪している。

三女の久《ひさ》は、八木の人力車夫、福島寅之助に嫁いだが、明治23年8月、長女ふじを出産した際、ふじの指に障害があったことにショックを受け、これがもとで錯乱してしまう。久はこの頃、入水自殺をするつもりで、深夜に家を脱け出し、河原で拾った石をたくさん袂《たもと》に入れて川の中に入っていったが、「神の声」を聞いて思い留まったと述懐している。久の〝神憑かり〟については後章に譲るが、出口家で最初に帰神の兆候が現われたのは、この福島久であった。

ともかく、久の錯乱は、金光教の熱心な信者となっていた琴が呼んだ布教師の祈禱により、ひとまず正常に戻った。このことがきっかけで、もともと信心の深かったナオは、金光教に傾倒していくようになる。

明治25年1月、今度は米が発狂し、ナオも看病に明け暮れるが、この時に帰神の前兆である霊夢を見る日が続いている。

そして、同年2月3日未明、ナオの腹の中に入り込んだ〝活物《いきもの》〟が、抵抗するナオの口を割って次のような言葉を発するのである。

「三ぜん世界一度に開く梅の花、艮の金神の世になりたぞよ。梅で開いて松で治める、神国の世になりたぞよ。……今は獣類《けもの》の世、強いもの勝ちの、悪魔ばかりの世であるぞよ。……これでは世は立ちていかんから、神が表に現はれて、三千世界の立て替え立て直しを致すぞよ。用意をなされよ。この世はさっぱり、新つの世に替えてしまうぞよ。三千世界の大洗濯、大掃除を致して、天下泰平に世を治めて、万古末代続く神国の世に致すぞよ。……天理・金光・黒住・妙霊、先走り、とどめに艮の金神が現はれて、世の立て替えを致すぞよ」

〝艮の金神〟なる神がこの世に現われて、三千世界に及ぶ大洗濯を断行し、悪魔ばかりの世を立て替えて、天下泰平に治めるのだという。

「大本」では、この節分の日にナオの口を通じて発せられた神勅をもって開教としている。

この日からナオは、神憑かりのまま、13日間の絶食と、75日間の水行を行った。

当初のナオの帰神は大変に荒いものであった。普段はつつましやかで大声を上げることなどない彼女も、〝艮の金神〟が憑かると地も震わんばかりの声で叫び出し、真夜中でも「改心せよ」と近所中を怒鳴って歩いたという。

日常の雑事のみに追われる村人が、「三千世界の立て替え」などという大それたことを叫ぶナオの神憑かりを理解できるはずもない。当然ながらナオは狂人同様に扱われ、翌明治26年、米の夫の大槻鹿蔵《しかぞう》によって座敷牢に閉じ込められた。

座敷牢での生活は、40日間にも及んだが、牢の中でナオに憑かった〝艮の金神〟は、叫ぶ代わりに古釘を使って、平仮名と数字まじりの文字を書き始めた。後に王仁三郎によってまとめられ、『大本神諭』として世に出される「筆先」の始まりである。

小学校さえ行ったことのない無学のナオは、平仮名さえ読めなかった。この時、釘を持った自分の手が柱などに刻みつけるものが、果たして文字なのかどうか、ナオ自身にもわからなかったという。

「真っ暗闇の中でも、筆の先に光がともり、それをたどっていくと文字になった」と、ナオは後年に語っている。

やがてナオは、病気治しも行うようになり、「綾部の金神さん」として次第にその名が知れ渡るようになった。

さらに、明治26年7月に日清戦争を予言、28年には日露戦争を予言し、的中させたことで、ナオの名声はさらに拡がりを見せ、丹波地方に教線を拡大しようとしていた金光教の目に留まる。

金光教は、この時すでに教派神道として公認されており、その「綾部支部」として傘下に入ることで、ナオは合法的に活動できるようになった。しかし〝艮の金神〟は、金光教の主宰神である「天地金乃神《てんちかねのかみ》」より一段下に併祀《へいし》されるなど、ナオにとってははなはだ不満足な扱いであった。

この頃ナオは、自分に憑かった神が霊格の高い神であることを知っていたが、その正体を明かしてくれる人の出現を待ち望んでいた。そのため明治30年、ナオは金光教を離れ、独自の教会をつくったが、公認宗教ではなくなってしまったために、ナオの活動は度々警察からの干渉にあった。そんな中、

「このこと判《わ》けるみたまは、東から出てくるぞよ」


との筆先が出た。

こうして、母を信ずるようになっていた久と、夫の寅之助は、八木の寅天堰《とらてんいね》に構えた茶店で、いつ来るとも来ないとも判らない「〝艮の金神〟を別けるみたま」を3年も待ち続けるのである。

喜三郎が、小松林命の命により、綾部からすればまぎれもなく東の穴太よりやって来たのは、明治31年10月のことであった。

「いづ」と「みづ」――ナオと喜三郎との出会い

福島久は後に、この時の事情を次のように語っている。

「明治二十七年は、京都で博覧会がありますので、四方から人が沢山出られるかも知れぬから、南桑田郡と船井郡との境の寅天に掛茶屋（お休み処）でも出したら、何か神様の因縁の人が手に入るような心持ちが致しますが、チョット五、六拾円で六帖間位の物を建ててもらえませぬかと頼みましたら、『ああそれは良い思いつきだ。そら良かろう』と言うて、すぐ建てて下さいまして、二十八年に初めて店を開きましたなれど、大変によく店ははやりますなれど、私の思うお方はちっともお憩《やす》みになりませぬ。それから月日の経つのは早いものでありまして、三十一年になりまして、はからずもお憩みになりましたのが、二代様（上田喜三郎）でありました」

この時、寅天堰の茶店に立ち寄った喜三郎の旅姿は、陣羽織を着て歯に〝おはぐろ〟をつけ、手にはコウモリ傘とバスケットという、異様な風体だった。

もしやこの人こそ金神様を見分けるお方では、と直感した久は、ナオの筆先をこの変わった男に見せた。

「(とにかく)何彼のことも細かく申し上げずにお筆先を出して見せましたら、『しかし、綾部という土地はどちらの方角でありますす』と(喜三郎が)お尋ねになりますから、『ちょうどこの辺からですと、西北に当たります』と申しましたら、『ああそうですか。私は大阪におりましたら、神様がお指図に、〝お前は乾の筋に大変な神のご用があるから早く行け〟と仰せられましたから、そのことでありますに違いないから行きましょう』と仰せ下さいまして、大変に、これでもう判るに違いないと思い、一荷の荷も下りたように思い、安心しておりました」

こうして10月8日、久に教えられた綾部の地に足を踏み入れた喜三郎は、初めてナオに面会した。

ところが、この時はほとんど挨拶程度で終わってしまった。それは、喜三郎の所属していた「稲荷講社」の名を聞いたナオが、当時綾部地方で流行っていた低俗な霊憑かりの〝稲荷下げ〟と勘違いしてしまったことや、喜三郎の年齢があまりに若かったことなどが挙げられるが、金光教の布教師である足立正信が猛反発したことに主な原因があったようだ。

喜三郎が去って数日後、ナオの筆先には、次のような喜三郎に関する記述が出始める。

「おナオのそばには正真《しょうまつ》のお方がおいであそばすから、来た人をそまつなあしらいを致すでないぞよ」

「あのおん方は、この方が引き寄したのざぞよ。神の守護のしてあること」

「神の仕組がしてあることであるから、上田と申すものが出てきたならば、そこを塩梅《あんばい》ようとりもちて、腹を合わして致さぬと、金光殿にもたれておりたら、ものごとが遅くなりて間に合わぬぞよ」

こうして、ナオの命を受けた信者の四方平蔵が、翌明治32年7月、喜三郎を迎えに穴太を訪れ、二人は再会することになる。

大本の教義では、ナオが変性男子《へんじょうなんし》（肉体は女性だが魂は男性）の「厳《いづ》の御霊」、王仁三郎が変性女子《へんじょうにょし》（肉体は男性だが魂は女性）の「瑞《みづ》の御霊」であり、この両者により縦横あやなす仕組みが行われ、「みろくの世」という錦の御旗が織りなされると説く。そこに、「綾部」の地の因縁があるのだという。

『大本神諭』には、こう示されている。

「出口上田は経緯《たてよこ》ぢゃ。機織《はた》に譬《たと》へて仕組《しぐみ》てあるぞよ。申してある真実《まこと》に結構な機《はた》が出来るぞよ」

「この大本は地からは変性男子（ナオ）と変性女子（王仁三郎）との二つの身魂を現はして、男子には経《たて》糸、女子には横糸の経綸をさして、錦の機《はた》を織らしてあるから、織り上がりたら、立派な紋様が出来ておるぞよ」

喜三郎の審神により、ナオに憑かった神は「国常立尊」であることがわかり、〝艮の金神〟とナオの喜びは、ひとしおであったようだ。その頃に出された筆先を次に挙げるが、これは「大本」という教団名が生まれるきっかけとなった。

「艮の金神が御礼申すぞよ。永らくの経綸いたした事の、初発《はじまり》であるぞよ。上田喜三郎殿、大望《たいもう》な御世話がよう出来たぞよ。御礼には御都合の事ぢゃぞよ。（中略）この事成就いたしたら、御礼に結構にいたすぞよ。綾部世の本、金神の大本と致すのぢゃぞよ」

つまり、ナオと喜三郎という「厳」「瑞」二霊が打ち揃い、共に神業に励み出したこの時が、「大本」の本当の意味でのスタートであったと言えるのである。

日本にその名を轟かせるまでに成長した「大本」

綾部に移った喜三郎は、精力的に活動を開始する。

まず、〝艮の金神〟の金の一字と、日の大神、月の大神の意味を合体させた明の字とを合わせ、「金明会《きんめいかい》」を設立し、ナオを教主に立て、自分は会長におさまった。

「金明会」は稲荷講社の分会としての性格を持たせ、〝艮の金神〟を表に立てた形で合法的に布教活動を行おうとするものであったが、さらに、霊学研鑽の目的で設立し、幽斎修行を行っていた「霊学会」とを合わせ、「金明霊学会」とした。

明治33年（1900）の旧元旦に、筆先で世継ぎと指定されていた五女の澄と結婚。

またこの頃、筆先に喜三郎の名が「おにさぶろう」と出るようになる。音読みすれば喜は鬼に通じるが、喜三郎は鬼の字を使うことを嫌い、代わりに「王仁」と当て字をした。応神天皇の時代、『論語』十巻、『千字文』一巻を持って渡来した百済からの使者、王仁《わに》博士から取った名であった。

「出口王仁三郎」の誕生である。

金明霊学会は、順調に信者を増やしたものの、公認化には至らず、たびたび警察の干渉にあった。本格的な活動を展開するには、やはり公認の団体となることが不可欠であると考える王仁三郎は、明治39年9月、一人綾部を飛び出し、京都に開設されたばかりの皇典講究所に入学した。

これには、国家神道の傘下に入ろうとする王仁三郎の姿勢が、ナオの考えと対立し、軋《あつ》轢《れき》を生み始めていたことや、ナオを絶対と見る信者たちによる王仁三郎排斥運動が激しくなったことなども、綾部に居づらくさせた要因と言えるだろう。

ともかくも、彼は翌年春に卒業し、京都府庁の神職尋常試験を受け、神職の資格を取った。そして明治40年5月、織田信長を祭神とする別格官幣社・建勲《けんくん》神社の主典を務めたが、宮司と折りが合わず、半年で辞職する。

さらに翌41年には教派神道の御嶽《みたけ》教に迎え入れられ、大阪大教会長に抜擢されている。

こうして様々な研鑽を積んだ王仁三郎は、同年12月、綾部に戻って来る。そして金明霊学会を改め「大日本修斎会」を結成し、ナオの筆先をベースに国家神道色を強めた教義づくりに着手した。

また、やはり教派神道の大成《たいせい》教に接近して関係を持ち、「大成教直轄直霊会本院」を綾部に設立するなど、このころの王仁三郎の動きには、合法化へ向けての努力の跡がうかがわれる。

一方で『直霊軍』などの機関紙を発行し、宣布活動を盛んに行った結果、財力のある信者の入信もあり、彼らの援助によって明治43年には綾部に神殿が完成、続いて神竜殿や統務閣、金竜海なども竣工され、「大本」の神苑が着々と形づくられていく。

大正3年（1914）5月、王仁三郎は信者の前で、「まもなくヨーロッパで大戦争が起きる」と予告している。その翌月の6月28日、ボスニアの首都サラエボで、オーストラリア皇太子夫妻がセルビアの青年に射殺され、これがきっかけで第一次世界大戦が勃発した。

ナオの筆先が予告した「世の大立て替え」の時期が迫り来たと多くの信者たちが解釈したのも無理はない。王仁三郎もこの機を逃さず、大々的に宣伝したことで、信者の数は飛躍的に伸びていく。そして現役軍人や知識著名人などの入信が相次ぎ、たちまちのうちに「大本」の名は世間に知れわたるようになったのである。

軍人・知識人にまで広がる「皇道大本」の興隆

この頃の「大本」には、海軍軍人の入信者が多かったが、これは綾部が舞鶴の軍港に近く、汽車に乗れば日帰りで十分に行き来できたという地理的要因もあった。

大正4年、海軍中佐の飯森正芳《いいもりまさよし》は、入信後まもなく北舞鶴港に停泊中の軍艦「香取《かとり》」の艦上で、250人の乗組員を前に「大本」についての講演を行い、教団初の軍隊布教を実現した。飯森はこの功績が認められ、大日本修斎会の会長に抜擢される。

飯森は、京浜地方へ布教のため出向いた際、同じ海軍畑で旧知の浅野和三郎と出会う。この時、飯森と一緒にいたのが福島久であり、両者から「大本」の説明を受けて鎮魂帰神法に興味を持った浅野は、大正5年4月、綾部を訪れ、入信する。

浅野和三郎は、帝大出身で海軍機関学校の教官を務めるエリート軍人だった。英語学者としても有名で、ラフカディオ・ハーン（小泉八雲）の弟子でもあり、日本の『シェークスピア全集』の最初の翻訳者でもあった。

ちなみに、浅野が突然に海軍大学の英語教官の職を辞し、綾部に移ってしまったので、後任の英語教官として芥川龍之介が就任している。

また、和三郎の兄で海軍少将（後に中将）の浅野正恭《まさやす》も入信し、これが海軍の現役軍人の入信にさらに拍車をかけていく。日露戦争当時、日本海海戦でバルチック艦隊を撃破した東郷平八郎元帥の副将を務めた秋山真之中将も、綾部の神苑を訪れている。

王仁三郎は、「大本」の発展の為には、知識人の参入が不可欠と考えていたが、浅野はまさに適役の人物だった。

大正5年4月22日、「大本」は「皇道大本」と改称。

大正6年1月には、教団の機関紙である『神霊界』を創刊、ナオの筆先を活字にして掲載し、〝立て替え近し〟の警鐘を乱打する一方、「皇道大本」の教義を広く世間に訴えたが、王仁三郎は、この『神霊界』の主筆兼編集長に浅野和三郎を任命する。

浅野は、ナオの筆先を熟読した結果、大峠《おおとうげ》の到来は大正10年もしくは11年と結論し、友清天行と共に激烈な「大正10年立て替え説」を展開した。第一級の知識人である浅野のこうした活動は、軍人や知識階層に衝撃を与え、その社会的影響は少なくなかった。

やがて、海軍に比べて出遅れる形となっていた陸軍も、「大本」と深い関係を持つようになり、皇族の中からも入信者が現われた。

大正6年には、子爵の水野直《なおし》、岩下成一らが入信。昭憲皇太后の姪にあたる男爵夫人・鶴殿親子《つるどのちかこ》に至っては、「大宮守子《おおみやもりこ》」という名で「大本」の宣伝使となってしまう。

さらに、大正10年には、久邇宮良子《くにのみやながこ》・現皇太后の養育をした宮中顧問官・山田春三《はるぞう》が入信している。

こうした「大本」の急成長ぶりに、支配者層は次第に危機感をつのらせていく。

大正7年11月6日夜、出口ナオが83歳で昇天。王仁三郎は、「厳」と「瑞」二魂の神権を合わせ持つ「伊都能売《いづのめ》」の御霊として、「皇道大本」の全権を掌握する。

大正8年11月18日、王仁三郎は、故郷・亀岡にある明智光秀の旧城・亀山城跡を買収し、ここに「皇道大本」の本部を置き、「天恩郷」と名付けた。「大本」発祥の地である綾部は、いわば信仰の拠点であったが、一方の亀岡は、いわば政治運動の本拠地となったわけである。ここに、王仁三郎が、冒頭に引用した言葉の中で、伊勢を綾部、東京を亀岡と対比させている所以がある。

ところで王仁三郎は、明治36年から大正6年にかけて、『大本神歌』や『いろは歌』といった不気味な神歌を書いている。

例えば、大正6年11月号の『神霊界』に発表された『いろは歌』。

「にし東《ひがし》南《みなみ》と北の荒海に、艦《ふね》充《み》ち続け寄せ来る、醜《しこ》の荒《すさ》びの猛《たけ》く共、御空《みそら》に震《ふる》う鳥船の、羽音は如何に高くとも、空より降らす迦具槌《かぐつち》の、三ツの都を夜藝速男《やきはやお》」

「りう球につゞく台湾ボウコ島《とう》、御国《みくに》に遠きこの嶋に、心を配れ日本人《やまとびと》、外国魂《とつくにたま》のこゝかしこ、國賣《くにう》る曲《まが》の多くして、主人《あるじ》の留守の間鍋《まなべ》たき、柱を崩すカミ斗《ばか》り、ヤンキーモンキー騒ぐとも、降る雨《アメ》リカを防ぐ由なし」

さらに、大正7年2月号の同誌に掲載された『大本神歌』には、次のような個所がある。

「やがては降らす雨利加《アメリカ》の、数より多き迦具槌に、打たれ砕かれ血の川の、憂瀬《うきせ》を渡る國《くに》民《たみ》の、行く末深く憐《あわれ》みて……」

「力の限り手を盡《つく》し、工夫を凝らし神國《かみぐに》を、併呑《ひとのみ》せんと寄せ来たり、天《あま》の鳥船《とりふね》天《そら》を蔽《おお》ひ、東《あづま》の空に舞ひ狂ひ……」

〝カグツチ〟というのは、日本の国生み神話において、伊邪那美命《いざなみのみこと》が様々な神を生んだ最後にこの〝火之迦具土神《ほのかぐつちのかみ》〟を生んだところ、女陰《ほど》を焼かれて死んでしまったと伝えられる神である。巧みに比喩や掛け言葉を折り込んであるが、これらの神歌は日本にこれから現出する状況や世界の情勢を予言したものと見てよい。

〝アメリカ〟の〝天の鳥船〟が日本の空を覆い、火の神〝カグツチ〟を降らすとすれば、これは明らかに、30年ほど先に実現する米軍機B29による本土空襲の予言と理解できる。

『いろは歌』と『大本神歌』は、『瑞能神歌《みずのかみうた》』という小冊子にまとめられて発行されるが、国家体制の悲惨な末路を詠ったことで当局より発禁処分となった。

しかし、これらの衝撃的な予言は、「大正10年立て替え説」を唱える信者たちにとって、火に油を注ぐ結果となるのである。

「大正10年立て替え説」と大正維新論の台頭

ナオの筆先には、立て替えの時期を明記した個所はない。

「大正10年立て替え説」の主な根拠となったのは、明治30年旧7月12日に出された筆先の「明治五十年を真中に前後十年が正念場」の意味を、明治50年を境とした前後の5年間と解釈したこと、及び明治37年旧7月12日の筆先にある「明治五十五年」という記述である。

こうした神示をもとに、浅野和三郎らは明治55年（大正10年）に大峠が来ると信じ込み、いわゆる「大正維新論」を展開する。

その先陣を切ったのは、『神霊界』の編集を担当していた友清天行であった。彼は大正7年8月発行の『綾部新聞』に、「一葉落ちて知る天下の秋」と題した論説を掲載した。

少し長くなるが、一部を引いてみよう。

「今や何千年来の御計画実現の時節が到来して、因縁の身魂たる出口開祖にかかられ、いよいよこの悪の世を善一筋の世に立替える大経綸に着手されたのであります。所謂《いわゆる》建設の前の破壊で、この現状世界が木っ葉に打ち砕かれる時期が眼前に迫りました。

それはこの欧州戦争に引続いておこる日本対世界の戦争を機会として、所謂天災地変も同時に起こり世界の大洗濯が行はれるので、この大洗濯には死すべきものが死し、生くべきものが生くるので、一人のまぐれ死にも一人のまぐれ助かりもないのであります。

そんなら日本対世界の戦争はいつから始まるかといふと、それは今から僅か一、二ヶ年経つか経たぬ間に端をひらきます」

「敵の上陸によって行はれる惨状は実に眼も当てられぬもので、日本人で其の時敵の毒牙にかかるものは因縁を有する人達で、其時になっては如何ともする事が出来ませぬ。そしていよいよといふ時に霊活偉大壮厳を極めたる神力の大発現がありまして、大地震、大海嘯《つなみ》、大暴風雨、火の雨等によって解決されるのですが、其の時死滅すべき因縁の者は皆死滅して了ひます。

救ひか滅びか、貴下はその最後の岐《わか》れ道に立っておられます。繰り返して申します。時期は日に日に刻々と切迫して参りました。もう抜き差しならぬところまで参りました。眼の醒める人は今のうちに醒めて頂かねばなりませぬ。日の経つのは夢のやうですが、今から一千日ばかりの間にそれ等の総ての騒動が起って、そして解決して静まって、大正十一、二年頃はこの世界は暴風雨後の静かな世になって、生き残った人達が神勅のまにまに新理想世界の経営に着手してゐる時でありります」

ここには、「大正10年立て替え説」を唱える人々の見解を友清が代弁する形で、端的に述べられている。この論稿は、大正7年12月、『神と人との世界改造運動』という題で出版されたが、わずか半年足らずの間に七版を重ねるほどの売れ行きだったという。

また、浅野和三郎は、大正8年9月に刊行された『大正維新の真相』の中で、次のように述べている。

「呉々もいふ、大正維新の範囲は非常に広く、且つその奥行は非常に深い。日本から云へば大正維新であるが、諸外国を含めて云へば世界の大改造であり、大本神諭の筆法で云へば世の大立替、大立直である。更に神霊界を含めて云へば身魂の大掃除、大洗濯であり、宇宙の大修祓である。宗教界の霊覚者は此時期の到来を最後の審判ともいひ、其結果を予想しては、天国又は極楽の出現というた。国際的には日本天皇の世界統一であり、社会的には霊的階級の厳守を伴へる世界大家族制度の実現であり、又実務遂行の上から見れば神人合一、祭政一致であり、教から云へば天地間純一無二の惟神の大道の普及である。綾部の皇道大本は此実行機関として特定されたる、世界独一無二の大中心であるのだ」

　こうした「大正10年立て替え」論者は、あくまで『大本神諭』や王仁三郎の『瑞能神歌』、論稿などをベースに自説を展開している——厳密に言えば、天皇の解釈については若干の補足が必要だが、これについては後で述べる——が、教主である王仁三郎は、これに対して実に不明瞭な態度を取る。

「現界の出来事なぞは数百年数十年先の後まで知悉」することのできた王仁三郎であれば、わずか数年先に果たして世の大立て替えが来るのかどうか、わかっていそうなものである。

　後に「大本」から分かれて「明道会（後の惟神《いしん》会）」を創立する医学博士の岸一太は、筆先に示された立て替えの時期を、〝明治50年を真中とした前10年と後10年〟と解釈し、浅野一派と激論を戦わせた。

これに関して王仁三郎は、大正9年4月11日号の『神霊界』誌上において、こう発言している。

「王仁曰く、立替え、立直しの時機について岸博士と浅野総裁との見解は非常の懸隔がある様ですが、私の見る所ではドチラへも団扇《うちわ》を上げる事が出来ぬと思ふ。（中略）浅野総裁の大正十年、十一年説が万万破れるやうな事が出来しても、その責任は御自分が背負って了《しま》ふといふ、勇猛なる義侠心の発露から出たものとすれば、実に浅野総裁は十字架を負うて教に殉ぜんとする犠牲的勇者であります。（中略）此の大本はまだまだ私の口から本当の時期は申し上げられませぬが、一日も早く揃ふて身魂を磨いて私に公然と時日の発表し得るように研いてもらいたいものであります。先づこの角力《しょうぶ》は王仁が預りと致しますから、勝負は〝時日〟と〝事実〟が証明する事でありませう。次に万万一、浅野総裁の説が負けたとしても浅野総裁其人に対しては、私は別に不足も不平も持たぬ……」

王仁三郎のこのような曖昧な表現は、どう解釈したら良いのだろうか。

「まだまだ本当の時期は申し上げられない」という真意は何か。あるいはまた、浅野を「十字架を負うて教に殉ぜんとする犠牲的勇者」などと表現しているのは何故か。これでは、王仁三郎は本当は「立て替えの時期」などはわかっておらず、単に浅野ら急進派を、「皇道大本」の宣布のために利用したに過ぎないと思われても仕方あるまい。

ところで王仁三郎は、ナオの昇天直後の大正7年12月2日より、ナオに代わって「筆先」を書くようになり、『神諭』として『神霊界』誌上で発表している。

大正7年12月22日の『神諭』には、立て替えの時期について、

「三年先になりたら余程気を附けて下さらぬと、ドエライ悪魔が魅《み》を入《い》れるぞよ。辛《かのと》の酉《とり》の年は、変性女子（王仁三郎）に取りては、後にも先にも無いような変りた事が出来てくるから、前に気をつけて置くぞよ」

と示されており、これは大正8年1月1日号の『神霊界』に掲載された。「辛酉《かのととり》の年」というのは、大正10年に当たる。

さらに、大正7年12月24日の『神諭』には、

「三十年の世の立替の御用も、もう後三年に約《つづま》りてきたから、これからは段々と物事が成りて来るから、改心する身魂も追々と出て来るぞよ。時節が来たぞよ、迅《はや》いぞよ」

とあり、王仁三郎自身も、大正7年5月10日、

三千年の　世の立替も迫りけり　後の三年に心ゆるすな

という神歌を詠んでいる。

これら「三年先」に起こるであろう「立て替え」の予言を読んだ浅野一派は、王仁三郎がついに「大正10年立て替え説」を支持したものと受け止めた。

かくして、彼らの宣伝活動はさらに激しさを増していったのである。

「大正日日新聞」の買収と「第一次大本事件」

大正9年8月、「皇道大本」は『大正日日新聞』を買収し、連日にわたり痛烈な社会批判と立て替え論を紙上で展開していく。

『大正日日新聞』は、いわゆる「白虹《はっこう》事件」で『大阪朝日』を一斉退職した鳥居素川《そせん》、花田大五郎、丸山幹治、室伏高信、青野末吉、鈴木茂三郎ら反権力派の論客が、200万円の資本金をかき集めて発足させた〝いわくつき〟の新聞社であった。

しかし収支がうまくゆかず、一年足らずの間に経営難に陥り、身売り話が取り沙汰されていた。王仁三郎は、そこに目を付け、同社を社員丸抱えのまま、50万円で買収したのである。

王仁三郎は、大正日日新聞社社長に浅野和三郎を就任させた。同年9月25日の復刊第一号の発行部数は、『朝日』『毎日』をも上回る48万部であった。それが突然、一宗教団に買収され、反体制的な教義と立て替え到来説の宣伝に利用されるようになったのであるから、当局も一大脅威と受け止めざるを得なくなった。

だが、紙面内容が「皇道大本」一色になったことで、当然ながら一般読者は離れて行き、三ヵ月もしないうちに発行部数は半分以下に落ちこんでしまう。おまけに浅野は、大正10年に入ると、「いよいよ大正十年なり」と書いた貼り紙を社内の各部屋に貼らせ、「世の立て替えが近いから集金もする必要なし」と通達する有様で、『大正日日新聞』は一気に経営難に陥っていった。

さすがに王仁三郎もこの状況を看過できず、浅野を更迭し、自ら社主におさまった。

しかしこの時すでに官憲は、「皇道大本」弾圧に向けて動き出していた。『大本七十年史』によれば、当局が支配階級の意を受け、「大本」弾圧を最終的に決意したのは、ちょうど王仁三郎が『大正日日新聞』を買収した、大正9年8月頃とされる。無論それ以前に、当局は「大本」に対し二度にわたる本部調査を行い、二回に及ぶ警告を発している。しかし「大本」側――というより王仁三郎は聞く耳を持たず、運動は沈静化するどころか逆に激化していった。

かくして大正10年1月10日、検事総長・平沼騏一郎《きいちろう》（後に総理大臣）は、京都地検の古賀検事に対し、「大本」検挙の最終命令を下す。

2月12日未明、京都府警察部長・藤沼庄平率いる武装警官200余名は、綾部全町を包囲し、郵便局や電報電話局を管理下に置くなど、事実上の戒厳令を敷いた上で、一気に神苑を急襲する。

世に言う「第一次大本事件」である。

神苑の各所や王仁三郎の部屋、浅野和三郎をはじめとする全幹部宅は、徹底的な捜索を受けた。そして神体や筆先はもちろんのこと、掛軸、原稿や手紙類、日記、写真、手帳に至るまでがことごとく押収された。

王仁三郎は、この日は本部におらず、同日朝、大正日日新聞社の社長室にいるところを逮捕された。「ちょっと行ってくるが、誰もついてこなくていいよ」と言い残し、刑事らにしたがって社から出て行ったという。

王仁三郎はそれから曾根崎署へ連行され、すぐに京都監獄の未決監に収容される。また、綾部で拘束された浅野和三郎も、翌日、同未決監に収容された。両名に適用された容疑は、不敬罪及び新聞紙法違反であった。

さらに検察は追及の手を緩めず、ナオの墓が「桃山御陵」に似ているという理由から、改修を命じている。続いて、完成したばかりの本宮山神殿に対する破却命令が出され、大正10年10月、同神殿はダイナマイトで瓦礫にされた。そして「大本」は、そうした作業に要した費用を全額負担させられた。

　まさしく、『神諭』に示された「ドエライ悪魔」は、「三年後」の大正10年、国家による弾圧という形で現実のものとなったのである。

王仁三郎の取った態度と浅野和三郎ら幹部の離脱

　獄中で取調べを受けた王仁三郎は、予審調べの段階で、早くも〝不敬〟の容疑を認めてしまう。また、自分に不利になるような事柄であってもほとんど反論もせず、容疑を全面的に認めた。一方の浅野は、頑強に容疑を否認している。しかし肝心の教主である王仁三郎は、いとも簡単に転向を表明するのである。

　京都地裁はこの王仁三郎の対応を受けて、出口・浅野両名に対し、不敬罪と新聞紙法違反の予審決定を行った。そしてそれまで敷かれていた報道管制を解いた。

　各新聞はこぞって、

「不遜を極めた大本教の僣上《せんじょう》と反逆と陰謀を証拠立つる」

「三文の値打ちもない大本教　その内幕は王仁三郎の口から」

「戦慄すべき大陰謀を企てた大本教は奇怪な正体を暴露した」

などと、衝撃的な見出しで根も葉もない記事を書き立てた。

さらに王仁三郎は、「大本改良の意見書」と題する反省文書を当局に提出している。その内容には、次のようなことが書かれていた。

「神憑の筆先などは邪神のイタヅラにて、有害無益の代物とより考へられず、今の内に（出口）直及び王仁に憑りて書きたる筆先を全滅させたきものと忠心より考へ、神様へお詫申上げ、大君様へ朝夕謝罪致して居ります」

「皇道大本の名称は、宗教的団体たる綾部大本教に対して不適当なるのみならず、天下の誤解を招く虞《おそれ》ありと思考いたし候に付、断然皇道の二字を遠慮し単に大本教と改称致し度《たく》候」

こうした記述は、検察側の策謀により書くように仕向けられたことは明白だが、王仁三郎が自身の口から「筆先」を全面否定したことで、信者は大いに動揺した。

第一次大本事件の弁護を担当した花井卓蔵によれば、何故こんな不利な訊問に対し、一言の弁解もせずに承認したのかと彼が聞いたところ、王仁三郎はこう答えたという。

「弁解すればとて聞き入るるものではなく、ただ事件が長引くばかりなれば、早く役人の言う通りになれと神様が教えられ、何もかも承認したのである」

真実はどうあれ、王仁三郎のこのようなノラリクラリとした態度は、信者たちに失望を与えた。荷物をたたんで綾部を去る者も多くあった。浅野和三郎や友清歓真、岸一太らもこの事件に相前後して「大本」を離れ、それぞれ一派を興し、独自の活動を始めることとなる。

なお、この事件の裁判は大審院までいくが、大正天皇の崩御による大赦令で、最終的には免訴となる。

王仁三郎は、大正10年6月17日、仮釈放され、綾部に帰ってきた。

同日夜、神苑の五六七《みろく》殿の拝殿大広間に詰めかけた信者たちの前で、王仁三郎は、出獄の報告と「意見書」についての弁明を行った。

あの意見書は、獄中で邪神が憑いて自分に書かせたものだから、本意ではないというのである。さらに、彼はこう付け加える。

「ヨハネが野に叫んでキリストにおうたのが3年6ヶ月めやった。日になおすと1260日めや。これをつづめりゃ126日になるわな。わしらが出てきた今日は逮捕の日から数えりゃ、ちょうど126日めや。神さんの定めはった時にピタリおうとるやないか」

なるほど、確かにその通りだ――。王仁三郎の持ち前の機知に富んだ語り口は、聞くものを安堵させた。不安と動揺の内に王仁三郎の帰りを待ちわびていた信者たちにとって、彼のこうした説和は大きな救いであった。

蛇足ながら、王仁三郎は、浅野も一緒に126日目に出獄したのだから、キリストが二人いることにはなりはしないか、という信者の声を耳にし、浅野の逮捕は王仁三郎より一日遅れであり、従って浅野の場合は正確には126日ではなく、125日であると説明したという。キリストに該当するのは浅野ではなく、自分だという意味であろう。

王仁三郎の発言や行動というのは、あくまでつかみどころがなく、どこに真意があるのかつかみにくい。

彼はさらに、同年8月、やはり五六七《みろく》拝殿大広間で、信者たちに対して次のように語っている。

「今度の事件は、神さんが信者に改心を求める神意の発動じゃった。これまで、旧役員やら新役員やら、いろいろ言うとったけんど、皆、改心せなあかんのや。これからはのう、わしのやることにタテつかんといてもらいたいのや。勝手な神憑りもつつしんでもらいたいなぁ。改心言うたかて、何もむずかしいことやあらへん。神さんを敬う心第一にのう、私ごとと公ごととに、ちゃんとけじめをつけてゆかええんや。わしにも考えはあるのやけど、この大本には、これからまだなんぼでも大峠がくるで……」

この言葉は、実に暗示的である。「これからまだなんぼでも大峠がくる」と言ったのは、緩み始めた信者の気を引き締める意味もあったのだろうか。

いずれにせよ「大本」は、第一次弾圧事件後に急速に勢力を盛り返し、かつてないほどの躍進を遂げる。

そして王仁三郎は、運命の昭和10年まで、休むことなく突っ走り続けるのである。

第二章

王仁三郎は、世界大改造の「型」を行った

大本の大峠は予告されていた

どんな苦難にあってもけっして弱音を吐かず、豪放磊落さを失わない王仁三郎は、教団の最高地位にあって多くの人々の心を魅きつけた。人間・出口王仁三郎のこうした点が、第一次大本事件以降のめざましい「大本」の発展に、大きく寄与していることは間違いない。

しかし、彼の発言や行動をよく調べてみると、どうも首尾一貫していないところが少なくない。ましてや、当時彼と深く関わりあった人であれば、指導者としての王仁三郎の器に疑問を抱く人が現われても不思議ではない。

第一次大本事件前に「大本」に潜入した京都府警警部（当時）の高芝羆が、内偵（つまりスパイ行為）を行って集めた資料の中に、次のような個所がある。帝大法学部の学生であった大島豊という信者の証言である。

「大先生（王仁三郎）の申さるゝことを単純に伺っておりますと、飛んでもない引懸け戻しを喰ふことがあります。大先生は場合々々によって全て御自分の平素信じて居られることゝ正反対なことを平気で云はるゝ場合があるから、余程注意して伺はねばならぬ」

この大島の発言からも察せられる通り、王仁三郎という人は、すべての面でアンプリディクタブル――すなわち、予測のできない、真意のつかみにくい人だったらしい。

大正10年の立て替え到来説が破れたことで、王仁三郎を見限り、「大本」を離脱する幹部や信者も多かった。

実際に起こったのは、「世界の立て替え」などではなく、なんと「大本」自身の立て替えであった。

しかし、このことは、王仁三郎自身の手で明確に事前に予告されていた。

王仁三郎は、ナオの昇天直後の大正7年12月2日より、ナオに代わって「筆先」を書くようになり、『神諭』として『神霊界』誌上で発表している。その『神諭』には、「世界の大峠」の前段階として「大本の大峠」があることがハッキリと記されてある。

その一部を抜粋してみよう。

「艮の金神大国常立尊が時節参りて天晴《あっぱ》れ世界へ現われて、三千世界の立替立直しを致すに就《つい》て、先づ地の高天原（綾部を指す。つまり大本のこと）から立替立直しを始めるから、大本の役員は腹帯を確《しっか》り〆《しめ》て居らぬと吃驚《びっくり》仰天、あいた口が閉がらぬ様な事が出来《しゅったい》いたすぞよ」（大正8年1月11日神諭）

「神界にては大正七年十月から以後を神聖元年と申し、大正八年の節分から神聖二年と成るのであるから、節分が済みたら此の大本の中から大変りを致すなれど、人民の眼には判らぬことが多いから、余程《よほど》身魂《みたま》を研かんと、却って神徳を外《は》づす事が出来いたすぞよ」
（大正8年1月19日神諭）

「今の人民は神界の深い経綸が判りて居らんなり、まだ時機が来るまでは何人にも明かす訳には行かないから、解らぬのはもっともの事であれども、余り良き事ばかりが来るように思うて、待つばかりではつまらんぞよ。思いの違う御方沢山に出来るぞよ」（同右）

「世界の大峠が来る迄に、この大本の中に大峠があるぞよ」（大正8年1月25日神諭）

「節分から世界の様子が大変に替るに就て、先づ斯の大本の内部から立替改造（たてかえたてなおし）を致すと申して知らした事の実地が参りたぞよ」（大正8年3月10日）

つまり、少なくとも王仁三郎本人は、大正10年に起こることというのが「世界の立て替え」ではなく、「大本の立て替え」であることを知っていた可能性が大きいのである。

しかし、これを明確に信者に伝えることをせず、あいまいな表現で真意を隠し、浅野らをたしなめることもなく思う通りの活動を許したのは、むしろそうせざるを得ない事情があったからではないのか。

ここで思い出して頂きたいのが、先にも述べた「雛型経綸」である。

「大本」が世界の雛型だとすれば、世界の大立て替えが起こる前に、「大本」においてその立て替えの「型」が起こらなくてはならない。「大本」に立て替えが起これば、それが移写拡大して、世界の立て替えが起こることになる。

王仁三郎としては、その「雛型」を、「大本」においてどうしても演出する必要があった。こう考えると、王仁三郎のとった態度の真相が、よくわかってくる。

浅野ら「大正10年立て替え到来」論者は、王仁三郎によって焚き付けられ、猛然と宣布活動を展開した。そして当局は、まさに王仁三郎の思惑通り、神諭に示された大正10年に「大本」に対する弾圧を行ったのである。

だが、「大本」の大峠は、これで終わったわけではなかった。

王仁三郎も、〝この大本には、これからまだなんぼでも大峠が来る〟と公言している。その言葉には、数ヵ月後に起こった本宮山神殿の取り壊しなども暗示されていたと思われるが、それだけではない。

「大本」は後に、大正10年をはるかに凌ぐ、徹底的な弾圧を受けることになる。その時までに「大本」は、世界にその名を轟かすほどの発展を遂げる。しかしそのすべては、次の弾圧を仕組む為に王仁三郎が打った布石であったとも考えられるのである。

「霊界物語」の口述開始

大正10年10月18日、本宮山《ほんぐうやま》神殿の破却作業が進む音を聞きながら、王仁三郎は『霊界物語』の口述を開始する。

『霊界物語』は、後に『大本神諭』と並ぶ「大本」の代表的な神典となるが、この時点で王仁三郎がこの新たなる神典の作成を開始したのは、同10月8日に、「明治31年旧2月に神より開示しておいた霊界の消息を発表せよ」との神示があったからだという。だがこれには、当時の「大本」が、不敬と過激思想を理由に発禁処分を受けた『大本神諭』に代わる新たな指導原理を必要としていたことも主な理由として挙げられよう。

ナオの筆先である『大本神諭』は、人々に厳しい口調で改心を迫り、世の立て替え立て直しを宣言した神の直言であった。これに対して『霊界物語』は、柔らかくやさしい表現で、過去・現在・未来という時間枠を超越し、神・幽・現の三界にわたる大改造がどのように行われ、〝みろくの世〟――いわゆる地上天国がこの世に実現することになるかを体系的に説いた、前代未聞の神典であると言われる。

いわば世の立て替え・立て直しのプログラムを物語風につづりながら、世界改造の経緯と方法論とを説明した内容となっており、よく世間にありがちな「霊界探訪録」の類とは本質を異にする。

まずその量からして尋常ではない。

当初の計画では、全部で1728巻を予定し、まず最初の120巻をもってその大要を述べるというものであった。実際には、大正15年7月1日までの間に73巻を終えたところで中断し、その後昭和8年10月4日に特別編「天祥地瑞《てんしょうちずい》」の口述を始め、昭和9年8月15日に81巻目に達したところで中止のやむなきに至る。それでもこの分量は、通常人の為せる業ではない。

さらに驚くべきなのは、著述のスピードである。

各巻とも300ページ以上のものを、第1巻から第4巻まではおよそ70日という期間で、第5巻から第46巻までの42冊については大正11年の1年間で出されている。

一巻平均に要した日数は3日で、第46巻などはわずか2日で出来上がっている。

内容的に言っても、三文小説のような類のものとは違い、神霊界における様々な神々や、人間界の歴史上の人物も登場する、複雑神秘なものである。

しかもこの物語の解釈は、36通りあるとも言われる。

著述の状態は、王仁三郎が口述台の上に静座、または横臥する姿勢で口述され、その周囲に王仁三郎の言葉を書き留める数人の筆記者がつくというものだった。この筆記者の中に、谷口正治（雅春）の姿もあった。

筆録は速記法を用いず、原稿用紙のマス目に一字一字書き込んでいき、ある程度進んだところで王仁三郎が読み返し、誤りを正していくというやり方だったというから、もし速記法でも使ってフルスピードで書きつづったとしたら、一日で一巻が出来上がっていたかもしれない。

王仁三郎は、口述にあたり、一冊の参考書も資料も使わず、ただ浮かんでくる言葉のみを伝えた。口述が開始されるや、いささかの言い直しも訂正もなく、あたかも流水の如く、よどみなく語られたという。おそらく王仁三郎は、一種のトランス状態に身を置くことによって、自分以外の意識と自己の意識を入れ替えるか、もしくはその助力を得て口述したのだろう。

こうした手法は、王仁三郎の専売特許ではなく、西洋においてはエドガー・ケイシーのリーディングが、やはり本人がトランス状態となることによって記録されたものであるし、日本においても、拙著『日月神示　この世と霊界の最高機密』（徳間書店）で紹介した宗教・思想家の大辻桃源《とうげん》が、教典『あまつふみ』を作成するにあたり、まったく同じ状態で筆記者に記録させている。

ともかくも、『霊界物語』は、明らかに人為的な創作ではない。

神界・幽界・現界の、三千世界に及ぶ立て替え・立て直しは、以降この『霊界物語』を脚本として演出されていったとされる。

大本の国際的な動きとエスペラントの採用

『霊界物語』の制作とともに、王仁三郎は、亀岡の「天恩郷」の建設にも力を注ぐ。建設用地である亀岡城跡はすでに大正8年に買収していたが、ここに神界霊国の姿をそのまま顕現した現界的雛型を造り、これを「天恩郷」と名付けたのである。

王仁三郎はまた、この頃から日本に活動範囲を限定せず、積極的に海外の宗教団とも手を結び始める。

大正11年の夏、出口澄（二代教主）は、伊豆湯ヶ島温泉に滞在中の王仁三郎を訪ねたが、その途中、駿豆《すんず》鉄道の車中で、あるアメリカ人女性と親しくなった。

この女性は、フィンチという名で、バハイ教という新興宗教の有力信者であった。フィンチは澄と意気投合し、同じ年の9月と翌年の春、二度にわたり綾部を訪れている。

バハイ教は、1844年、アブドル・バハーがイランで創立した、イスラム系の新宗教である。人類同胞主義、万教同根を唱え、教義の面で「大本」と共通するところが多くあった。また各宗教間の提携を強調して国際的な布教活動を展開しており、世界共通語として「エスペラント語」を採用していた。

エスペラント語は、ポーランドの眼科医・ザメンホフが、人類愛の精神にもとづき創案し、1887年に完成した人工国際語である。つづりはアルファベットであるが、国家・民族を越えた万人のための共通語として、世界各地で普及運動が盛んに進められていた。

王仁三郎も、フィンチを通じてバハイ教と接触すると、エスペラント語に大変に興味を持ち、これを契機として「大本」にも「エスペラント普及会」が設けられるようになる。

このエスペラントの導入は、「大本」の世界的な宣伝に大きな効果をもたらした。

王仁三郎は、創刊したばかりの『神霊界』（大正6年3月1日号）誌上で、「皇道大本の根本大目的は、世界大家族制度の実施実行である」と説いている。もちろんこの文は、以下「畏くも天下統治の天職を惟神《かんながら》に具有し給ふ、天津日嗣天皇《あまつひつぎすめらみこと》の御稜威《みいづ》に依り奉るのである」と続くわけであるが、天皇を礼賛する言葉を敢えて盛り込まなければならなかった当時の世情を差し引いても、すでに王仁三郎の思想は国家やイデオロギーを超え、世界の民族を一つの家族と見るところに立脚するものであった。

また彼は、『神の国』（『神霊界』を廃刊として新たに刊行した機関紙）大正13年1月号に掲載された「宗教不要の理想へ」の中で、こう述べている。

「祝詞《のりと》のことばが真の善言美詞であって、実は今の日本語も外国語を輸入して言葉が大部分であるから、中途半端の日本語は決して善い事はないのであって、外国語を排するならば、現今の日本語も同様の意味で外国語として排斥せねばならぬ訳になって了《しま》う。こんなわけで、ローマ字やエス（ペラント）語を学んで、早く五大州に共通の言語を開くのが必要なことであるから、宗教はみろくの世になれば無用のものであって、宗教が世界から全廃される時が来なければ駄目なのである。主義・精神が第一であって、大本であろうと何であろうと、名は少しも必要ではないのである」

自らも宗教家であった（少なくとも世間からはそう思われていた）王仁三郎のこの発言は、非常に重要である。

彼は、宗教というものが、現在のような人類の霊的覚醒段階において方便的に存在しているものであって、「みろくの世」になってしまえば、そんなものは必要ないということをよく知っていた。それぞれが霊的に高まって、すべての人民が真理に目覚めれば、宗教などという独善的なワクはなくなるはずだ。だから、「宗教が世界から全廃される時が来なければ駄目なのだ」と言うのである。

普通、宗教家にはファナティックなタイプが多く、自分の教義を広めることに固執し、他を排してでも自説の優越性、絶対性を誇示していくものだ。そこに、宗教間の対立抗争が発生し、憎悪の念が生まれる要因がある。しかし、王仁三郎の場合は、そうした宗教家と比較してはるかに次元の違うところにいた。

彼の理想として掲げるのは、全人類を対象とした霊的真理への覚醒であった。そこには、一宗一派に囚われた、狭苦しい、自己満足的な概念はない。

国際共通語であるエスペラントを採用したり、同様の主旨を持つ海外の宗教と積極的に提携したのも、その理想の表われであった。

中国の道院、紅卍字会と手を結ぶ

バハイ教との交流が始まった頃から、「大本」は急速に国際交流を深めていくが、特に重要なのは、中国で興った新宗教の「道院」及びその外郭団体「世界紅卍字会《こうまんじかい》」との提携である。

道院の設立は、大正10年旧2月9日というから、奇くも「第一次大本事件」の直後のことだ。

大正5年頃、中国・山東省浜《ひん》県において、浜県知事の呉福林と駐防営長の劉紹基の二人は、県署に神壇を設け、「扶乩《フーチ》」を行っていた。「扶乩」とは、砂を敷いた盤の上にT字型の〝乩木《ちぼく》〟をわたし、その両端を二人の巫女役の者が持ち、審神役の者が神意を窺うという自動書記法の一つである。感応があると、乩木がゆっくりとひとりでに動き出し、砂の上に文字を書き始める。

信心の厚かった二人は、何事を為すにもこの方法によって、まず神意を伺うことにより決定したという。

そんな中、ある日「尚真人《しょうしんじん》」と名乗る仙人が神壇に下り、次のような神示があった。

「老祖久しからずして世にくだり劫《ごう》を救い給う。まことに数万年あい難きの機縁なり。汝等壇を設けてこれを求めよ」

道院ではこの〝老祖〟を、至尊至貴の根源神であるとして「至聖先天老祖」と呼び、その下に、キリスト、釈迦、マホメット、老子、孔子などの世界五大宗教の祖を合祀《ごうし》する。

その教義とは、すべての代表的な宗教は元を同じくしているとする「五教同根」であり、世界神国の実現が近づいたとするものであったが、これは「大本」の主張するところとまったく同じであった。

王仁三郎は後にこの「至聖先天老祖」について、「大本」を発生させた国常立尊と〝同神異名〟、つまり名は違うが同じ神であると説明している。

「大本」と道院との交流が始まるきっかけとなったのは、大正12年に起きた関東大震災である。

道院では、扶乩による予言や神託を「壇訓」と呼び、これに基づいた活動を行っていたが、「日本の首都にまもなく大地震が起きる」という壇訓が降りると、迅速に行動を開始した。

関東大震災を予告する神示であったが、一説によれば、大震災が発生した直後に「日本救援」の壇訓が降りたために、救済活動を開始したのだとも言われる。

ともかくも道院は、幹部の候延爽《こうえんそう》らに白米2000石、銀2万元を託し、東京に向かわせた。また一行が道院を出発する際、「日本に行けば、道院と合同すべき団体がある」とも示されたという。

当時、南京駐在の日本領事を務めていた林出賢二郎は、「大本」の隠れ信者で、道院ともすでに接触していたから、大震災以前から双方の間接的交流は始まっていたと見てよい。

同年9月1日の正午、関東南部を激震が襲った。中央気象台の地震計は、あまりの激しい揺れのため、すべての針がふっとんでしまったという。震源地は相模湾北西部で、マグニチュードは7・9であった。この震災による被害はすさまじく、罹災者は340万人、死者9万人余、負傷者5万人余、家屋全焼約45万戸、被害総額は当時の金額で100億円以上にものぼった。

この地震が発生した時、王仁三郎は熊本にいたが、号外でこれを知り、随行していた嫁婿の出口宇芽麿《うちまる》を直ちに東京へ派遣している。そして9月4日には正式に「慰問団」として数名を被災地に送り込んでいる。

侯延爽ら一行は、東京を見舞った後、同年11月3日、帰国の途中に綾部に立ち寄り、王仁三郎夫妻と面会した。道院と「大本」との直接的な交流が始まったのはこの時である。両者の提携の話は急速に進み、王仁三郎は早くも侯延爽の帰国に側近の北村隆光《りゅうこう》を伴わせ、中国に派遣している。

大正13年、道院は外郭団体として「世界紅卍字会」を創設、慈善事業などの社会活動を盛んに行い、満州と華北を中心として、その勢力は中国全土に及んだ。信徒の数は600万人にものぼったという。

同年3月6日、「大本」の援助により日本最初の道院が神戸に設立、両者の関係は一層緊密なものとなっていく。

これと時期を同じくして、王仁三郎は奇想天外な挙に出る。責付出獄（仮出所）の身でありながら、ひそかに日本を脱出、蒙古（モンゴル）へ向かうのだ。

王仁三郎入蒙の顚末《てんまつ》とその効果

王仁三郎の蒙古行きは、すでにかなり以前から構想が練られていたようだ。

道院との接触以前、彼は元陸軍の諜報将校であり、『伊犂《いり》紀行』の著者であった日野強と会っているが、この日野から、日野自身の目で見、足で歩いた蒙古や中央アジア周辺の状況を聞かされ、大陸への思いをつのらせたとも言われる。

候延爽に北村隆光を従わせ、中国へ送ったのも、奉天で武器商を営んでいた矢野祐太郎と連絡をはかり、蒙古入りの手はずを整えるためであった（なお、この矢野祐太郎については、次章において改めて触れる。）

王仁三郎は、大陸に移ると、蒙古を通り、エルサレムまで行くつもりでいた。そしてその目的は、満州、蒙古、中央アジア、中近東を合わせた地帯に、「五六七《みろく》神政大国」を打ち立てることにあった。

「神さんから言われた以上、どうあっても実現させねばならない」と、王仁三郎は覚悟のほどを周囲に洩らしている。

大正13年2月13日、王仁三郎は、植芝盛平、松村真澄、名田音吉の三名の幹部を従え、日本を立ち、朝鮮を経由して奉天に入った。ちなみに植芝は、後に「合気道」を開く武術の達人で、当時「大本」の有力信者であった。「合気道」に「大本」の教義が含まれているのはこのためである。

奉天では矢野が、すべてをお膳立てして待ち受けていた。2月15日、矢野の手配により王仁三郎一行は盧占魁《ろせんかい》将軍と会見する。盧占魁は、綏遠《すいえん》やチャハル一帯に勢力を持つ馬族の頭目で、当時満州を支配していた軍閥・張作霖《ちょうさくりん》の客分となった人物である。

盧占魁は王仁三郎に会うなり、服従を誓ったという。これは観相学に通じていた彼が、王仁三郎を一目見るなり「三十三相具備の菩薩相だ」と言って驚き、敬服したためとも言われるが、日本の特務機関の斡旋もあったという説もある。また王仁三郎は日本から軍資金として10万円を持参しており、これが役に立ったとも考えられる。

日本の特務機関は、当時満蒙の覇権を画策しており、王仁三郎をも利用しようとしていた節がある。王仁三郎の大陸での行動は、特務機関によって始終監視がなされていたが、ある程度の支援を受けていたことも十分有り得るだろう。

ともかくも、王仁三郎は盧占魁と手を結び、張作霖の承認を得て兵団を結成する。

〝太上将〟には王仁三郎、〝上将〟には盧占魁がおさまり、3000余の兵から成る神軍を組織、軍旗に〝日月地星〟を掲げて「大本ラマ教」を設立すると、蒙古平原に行軍を開始した。

「大本ラマ教」は、モンゴル人の救済を大義名分とし、王仁三郎は行く先々で、雨を降らすなどの天候の奇跡を見せたり、病人を治したりして、たちまちのうちに民衆の心をつかんでいった。自らダライ・ラマを名乗る王仁三郎の風潮はすこぶる良く、ジンギスカンの再来と信じる人々も多くあったようだ。

一行は順調に兵力を蓄えながら、目的地である庫倫《クーロン》（ウランバートル）に向けて進軍する。

しかし、事はそう簡単ではなかった。蒙古の情勢は極めて不安定であり、しかも王仁三郎の入蒙は、モンゴル人民共和国樹立の直前であった。たとえ人民革命軍を抑えたとしても、その背後には強大な軍事力を誇るソビエト赤軍が控えていた。

外モンゴルと満州国境近くの索倫《ツーロン》で、一行はソ連軍と対峙する状況になる。そんな時、突然に張作霖が態度を変え、討伐の大軍を差し向けて来た。やはり張作霖にとっては、当初は了解していたとは言え、急速に民衆の支持を得てふくれ上がる盧占魁と王仁三郎の動きには、警戒と疑惑の念を抱かざるを得なくなったのである。

張作霖が兵を挙げたと聞いただけで、神軍は総くずれの状態となった。脱走者が相次ぎ、戦力は半減し、兵の戦意も喪失した。それほど張作霖の満蒙における力というのは強大であった。

一行は、満州南西部のパインタラに逃げ込む。だがそこはすでに張作霖の手がまわっていた。神軍はあえなく袋の鼠となり、武装解除を命じられた。

そして盧占魁は銃殺の刑に処せられ、王仁三郎らも銃殺と決まる。だが、刑の執行直前になって、日本総領事館の介入があり、危ういところを救われ、強制送還処分となった。

何故刑の執行が為されなかったかについては、様々な説がある。曰く、射手が撃とうとしたら、銃身がバラバラに砕けた。曰く、撃とうとしたら、射手が後方にひっくりかえった。曰く、撃とうとしたら、王仁三郎の身体が金色に輝いた——等々。王仁三郎自身も後に、

蒙古にて　暗殺されんとする刹那　吾身《わがみ》金色になりて輝く

という歌を詠み、「パインタラの法難」として伝説化している。

実際のところはどうだったのか不明だが、前述のように、王仁三郎らの動きには特務機関の目が光っていた。また親日派であった張作霖なら、ここで王仁三郎の命まで奪って日本との間に余計な確執を生みたくないという考えもあったはずだ。一行が救われたのは、そうした双方の思惑が働いた結果であろう。

海外に躍進する「大本」

当時の日本国内は、ワシントン条約における不公平な軍備削減、政党政治の腐敗、第一

次大戦後の経済不況などにより不満が鬱屈していた。そんな世情の中、日本人にとって大陸は、まさに無限の可能性を秘めた憧れの地であった。

その満蒙において「神政王国をぶち立てる」という気宇壮大な王仁三郎の試みは、実現しなかったとはいえ、大衆に強くアピールした。

王仁三郎の帰国は大正13年7月25日のことであったが、この時人々は、彼をまるで凱旋将軍のように出迎え、大変な熱狂ぶりであったという。

この「入蒙壮挙」により、王仁三郎に対する世間の風評は、すっかり好転した。軍人や政治家の中には、「出口は偉大なり」と評価する者も現われた。

同27日、王仁三郎は大阪刑務所の北区未決監に収容され、再び獄中の人となる。しかし、盛んな保釈運動にも助けられ、98日後の大正13年11月1日には保釈出所し、自由の身となっている。

休む間もなく王仁三郎は、教団の陣頭指揮を取るかたわら、『大正日日新聞』の負債整理に当たる。「入蒙」に費やした額も20万円を超え、教団の財政を締め付けていた。

同年12月15日、早くも『霊界物語』特別篇「王仁入蒙記」の口述を開始。

年が明けると、王仁三郎は亀岡本部の建設に力を注いだ。亀岡城跡地が天恩郷と名付けられたのは、大正14年2月24日のことである。

この時期、「大本」の海外の宗教団体との交流はますます盛んになっている。

大正13年9月、朝鮮の「普天教」幹部・金勝玟が綾部の「大本」を訪問。同年11月には日本のイスラム教徒、公文直太郎が参綾、これをきっかけに田中逸平ら有力イスラム教徒との交流も深まっている。

大正14年1月には、中国から李松年が綾部を訪れ、「アジア宗教連盟」設立準備の話し合いを行われている。

同年4月、王仁三郎は、松村真澄と北村隆光を中国へ派遣し、宗教連盟の実現に向けて具体的に動き出す。この運動には、日本の右翼の旗頭、頭山満《とうやまみつる》や内田良平も裏で協力している。

そして同年5月20日、北京において「世界宗教連合会」が正式に発足、総本部を北京に置き、東洋本部を亀岡とする決定がなされた。参加団体は、「大本」や道院を始め、イスラム教、仏教、キリスト教などの一派や、普天教、ドイツの白旗団など、多彩なものであった。

しかし、この宗教連合会は、当初の約束に反して集団合議制をとることになった。王仁三郎は、この宗教連合会において主導権を取るはずであったが、集団指導体制となっては采配はふるえないと判断、別の運動の構想を練り、その準備にとりかかる。

「人類愛善会」の設立がそれである。

「人類愛善会」の設立と、「大本」の黄金時代

王仁三郎自ら命名した「人類愛善会」は、あらゆる宗教、人種、国家などの障壁を乗り越えて、「大本」を中心に、広く世界の人々を包含するという意味を持っていた。

宗教団体間のみの提携を目的としていた「世界宗教連合会」と比べても、全人類の啓発を目的としたその主旨は、はるかにスケールの大きいものであった。

大正14年6月9日、人類愛善会は、綾部の五六七《みろく》殿において発会の奉告祭が執り行われた。そして同年8月には総本部を亀岡天恩郷に移し、10月1日には月刊『人類愛善新聞』を創刊する。

人類愛善会の設立趣意書は、次のようなものであった。

「本会は、人類愛善の大義を発揚し、全人類の親睦融和を来し、永遠に幸福と歓善とに充てる光明世界を実現するため、最善の力を尽さん事を期するものである。

抑も人類は、本来兄弟同胞であり、一心同体である。此の本義に立帰らんとすることは、万人霊性深奥の要求であり、また人類最高の理想である。然るに近年世態急転して世道日に暗く、人心日に荒びて其帰趨真に憂うべく、恐るべきものがある。斯くの如くにして進まんには、世界の前途は思い知らるるのである。されば吾等は此の際躍進して、或は人種、或は国家、或は宗教等総ての障壁を超越して人類愛善の大義にめざめ、此の厄難より脱し、更に進んで地上永遠の光明世界を建設しなければならぬ。是れ実に本会がここに設立せられたる所以である」


実に壮大な理想である。王仁三郎はこの時すでに、一個の宗教団体の長という立場に囚われてはいない。

そこには、人種・国家・宗教などの障壁を越えた普遍的な愛を説く、人類の精神的指導者の姿があった。

大正15年4月18日、亀岡の光照殿において人類愛善会総会が開かれた。王仁三郎はその席上、「人類愛善の真義」と題した講話をしているが、その中で〝人類愛善〟の意味について、次のように語っている。

「一寸《ちょっと》聞くと人類愛善会といふのは、すべての人間を人間が愛するように聞へております。すべての人類は同じ神の子であるから、すべて愛さねばならぬといふ意味になっておりますが、それはそれに違いないけれども、人類という字を使ったのは、下に〝愛善〟がありますから、上の〝人類〟といふ意味が変ってくる。

単に〝人類〟とだけ謂へば、世界一般の人類或ひは人間の事であり、色々の人種を総称して人類といふのである。しかし日本の言霊の上からいへば〝人〟は〝ヒト〟と読みて、〝ヒ〟は〝霊〟であり、〝ト〟は〝止《とど》まる〟といふことである」

つまり、神が地上に降りてすべての経綸を地上の人間に伝える時には、神の分霊としての霊が止《とど》まるところの肉体が必要である。この霊の止まる機関というのが「人」の本当の意味だというのである。

また、「人間」というと、善悪入り混じった普通のものだが、「人」というと神の止まるもの、神の代表者を意味するのだという。

キリストや釈迦のような聖人は、その神の霊の止まる機関として現われたのである。だからわれわれも彼らにならって、一人一人が神の直接内流を受ける「霊止《ヒト》」にならなければいけないのだ、と彼は説く。

「人類愛善といふものは、神の聖霊に充たされるところの予言者、或ひは伝達者に類するところの〝霊止《ヒト》〟の心になり、そうして愛善を行う。善人だから愛する、悪人だから憎むといふやうなことならば、それは本当の愛ではないのであります」

「人」は本来、神の霊の止まる機関としての「霊止《ヒト》」であり、またそうあらねばならないと説く王仁三郎のこの考え方は、実はその後「大本」から派生していった多くの宗教団体において、教義の中に取り入れられている。

この人類愛善会設立を機に、「大本」は爆発的な勢いで海外に進出し始める。

愛善会設立3日後の大正14年6月11日、王仁三郎は早くも宣伝使として西村光月《こうげつ》を欧州に派遣している。そして同年9月には、人類愛善会欧州本部がパリに設立の運びとなった。

西村の活躍はめざましく、人類愛善会の支部が、スイス、フランス、イタリア、チェコスロバキア、ドイツ、ブルガリア、ハンガリー、ポーランド、ペルシャ、スペイン等、ほぼ欧州全土に設置にされていく。

また大正15年1月、西村はパリにおいてエスペラント語の機関紙『国際大本』を発刊、これは「大本」の名を世界的に広めることに大きく貢献した。ニューヨークに人類愛善会支部が設立されたのは、『国際大本』を通じてエスペランチストとの交流が深まったためだという。

さらに、「大本」沼津分所長であった近藤勝美と、その親族で「大本」信者の石戸義成の二人により、ブラジルを主とする南米への進出が実現する。

ブラジルはカトリックを国教と定めており、「大本」や人類愛善会の活動には並々ならぬ苦難があったようだが、二人はこれに屈することなく努力を続け、南米全域に一大勢力を築き上げていく。

北米大陸は昭和4年にカナダに「大本」本部が設置され、活発な活動が行われているし、昭和5年から6年にかけてはボルネオ、フィリピン、マレー半島、南洋諸島、オーストラリアと、次々に「大本」及び人類愛善会の支部が出来上がっていく。

東南アジアへの進出に貢献したのは、筧清澄《かけいきよすみ》である。昭和7年8月23日、王仁三郎の命を受けた筧は、シャム（当時のタイ）に赴き、精力的に活動を行った。その結果、同国上層部の有力者たちが続々と「大本」や愛善会に入会し、人類愛善会シャム国本部が設立される。そしてシャム国を拠点として「大本」の勢力はインドシナ半島全域に及ぶものとなっていく。

なお、東北アジア一帯、すなわち満州、蒙古、華北、朝鮮などは、道院及び世界紅卍字会との緊密な関係により、最も磐石な基盤を築き上げていた。

道院の壇訓に、「中国の道院は日本の大本、日本の大本はすなわち中国の道院なり」「日本の愛善会のあるところは中国の卍字会のあるところ、中国の卍字会のあるところはまたすなわち日本の愛善会のあるところなり」などと出るに至り、両者はまったく同一の団体として結び付いた。そして王仁三郎の道院における権威は、主宰神である至聖先天老祖の代行者として絶対的なものとなり、昭和4、5年以後の「大本」・人類愛善会と、道院・世界紅卍字会は、ほとんど同心異名の存在となった。

昭和9年における人類愛善会支部の数は、国内962、海外285、計1247の多きに達していた。

大正10年の「第一次弾圧事件」からわずか10年あまりという短期間のうちに、「大本」及び人類愛善会の勢力は世界の五大陸を凌駕するようになったのである。

この時、数千万の民衆は、王仁三郎の号令一つで動いたと言われる。

まさに、「大本」にとっての「黄金時代」の到来であった。

いよいよ〝神が表に出る〟――昭和神聖会の結成

昭和6年9月8日、王仁三郎は、綾部の本宮山山上に、以前より用意していた神声碑・教碑・歌碑と呼ばれる三基の石碑を建立する。「大本」ではかねてより、本宮山にこれらの石碑が立てば、いよいよ〝神が表に出る時〟であると知らされていたという。

同日、石碑建立を終えた直後、王仁三郎は、信者たちの前で、

「これから10日後に大きな事件が起き、それが世界的に発展する」

と宣言した。

そしてそのピタリ10日後、同年9月18日、満鉄柳条湖において鉄道爆破事件が起こった。

満州事変の発端である。

この事件から間もない9月24日、王仁三郎は、娘の直日《なおひ》（後に三代教主）の婿であり、総裁補の出口日出麿《ひでまる》を満州に派遣している。まさに電光石火の如き対応である。

満州における日出麿の活躍は素晴らしいものがあった。「大本」と人類愛善会は、道院と紅卍字会と一体となり、シベリヤ協会、在理会、安清会、ラマ教などと提携し、動乱下の民衆救済に尽力した。

戦禍は次第に拡大し、政治の機能は麻痺状態に陥ったが、奉天を拠点に、大本・人類愛善会・道院・紅卍字会の会員や信徒たちは総動員で、食料や衣類といった必需品を難民に配った。

現地では、自ら陣頭に立って東奔西走する日出麿に対して、民衆から絶大の尊敬と信頼が寄せられたという。

昭和6年11月、それまでは各地区ごとにバラバラに結成されていた昭和青年会が、全国統一組織として再編成され、本部が亀岡天恩郷におかれた。

昭和青年会は、王仁三郎直属の親衛隊的性格を打ち出していたが、制服をカーキ色に統一し、擬似軍隊を思わせる団体訓練を行うなど、見た目には極めて軍事色の濃いものであった。

この昭和青年会の「閲兵式」において、王仁三郎は軍服を着て白馬にまたがり、左手に手綱、右手に鞭を持ち、後ろには制服姿の青年たちを従えて、整列する青年会を閲している。これはまったく、昭和天皇の「閲兵式」を模倣したものであった。

この頃、王仁三郎は「尋仁《ひろひと》」と号していた。昭和天皇の「裕仁《ひろひと》」になぞらえたものである。

自ら天皇さながらの行動を、臆面もなく取り始めた王仁三郎に対し、当局は次第に危険視するようになっていく。

昭和8年旧1月1日、「大本」は再び「皇道大本」と改称。「大本」が「皇道大本」に名を変えたのは、これで二度目である。

前回、王仁三郎は、第一次事件の時に提出した『意見書』の中で、「皇道大本から皇道の二字を削る」ことを当局に約束していた。しかし彼は、ここで不敵にもまた同じ名称を復活させたのである。

これは明らかに、帝国主義を標榜し、魔道の道を突き進む国家権力に対する、王仁三郎の断固たる挑戦の姿勢の現われであった。

昭和9年に入ると、王仁三郎の言動や行動は、にわかに政治色の強いものとなってくる。

同年3月、『人類愛善新聞』が、ついに発行部数100万部に達した。

王仁三郎は以前から、「人類愛善新聞が100万部出たら、神軍を率いて決起する」と予告していた。

時期を同じくして、王仁三郎は側近を通じ、軍部や各界の要人と接触をはかり、情報を収拾する一方、新たな運動の為の構想を練っていた。

そして、政友会代議士・長島隆二や公爵・一条実孝《さねたか》、その他の皇族や有志と合議の末、「大日本協同団」を結成する案を作成する。この構想には、政界、財界、学界、宗教、法曹、新聞、文芸、愛国団体から侠客に至るまで、幅広い層から賛同の意を得た。

王仁三郎は「人類愛善新聞が100万部出たら、神軍を率いて決起する」と予告した

当時の政情からして、王仁三郎のこうした行動は、宗教家の範疇《はんちゅう》を逸脱した危険極まりない行為であった。
「大本」が、もし単なる宗教団体として存在していくつもりなら、当局の神経を逆撫でするような真似は、絶対に慎まねばならなかった。そのことを、幹部は十二分に承知していた。

驚いた「大本」総務会は、総務の大国以都雄を王仁三郎の滞在する東京に派遣し、計画を中止して帰郷するように促した。しかし、王仁三郎は、

「余は大本教団というものを飛び出して一個の出口王仁三郎となり、一日本人となって君国のために御奉公する覚悟である。この計画が成就しないうちは、綾部へも、亀岡にも帰る考えはない」

と、この要請を突っぱねている。

「大日本協同団」の構想は、人事その他の面で問題が生じたために実現せず、最終的には「大本」を母体とした「昭和神聖会」の結成となる。

昭和9年7月22日、昭和神聖会は、東京・九段の軍人会館で盛大な創立発会式を挙行した。

発会式の当日には、三千人を超える人々が集まり、入り切れなかった人が会館の外にまで溢れる盛況ぶりであったという。当時の愛国団体としては、この規模は他に類を見ない。

壇上には、統管・出口王仁三郎、副統管・内田良平（黒龍会）、出口宇知麿《うちまる》らが並び、祝辞を述べた者の中には、内務大臣・後藤文雄、衆議院議長・秋田清、玄洋社・頭山満、

政友会代議士・松岡洋石《ようすけ》らの姿があった。祝電は、逓信大臣・床次竹次郎をはじめ、皇道会、明倫会、世界紅卍字会など、１５００通にも及んだ。

昭和神聖会の綱領は、次の六項目からなっていた。

一、皇道の本義に基き、祭政一致の確立を期す。
一、天祖の神勅並に聖詔《せいしょ》を奉戴《ほうたい》し、神国日本の大使命遂行を期す。
一、万邦無比の国体を闡明《せんめい》し、皇道経済、皇道外交の確立を期す。
一、皇道を国教と信奉し、国民教育、指導精神の確立を期す。
一、国防の充実と農工商の隆昌《りゅうしょう》を図り、国本の基礎確立を期す。
一、神聖皇道を宣布発揚し、人類愛善の実践を期す。

この綱領の中には、「皇道」という言葉が多く含まれているが、王仁三郎の掲げる「皇道」とは、一般に理解されている「天皇を絶対の存在とし、天皇による祭政一致の道を施く」こととは根本的に違う。王仁三郎の言う「皇道」とは、天皇さえもが従うべき真理の太道であり、大宇宙の秩序と法則のことである。

中でも王仁三郎が最も力を入れた点は「皇道経済」であるが、これについては後章でまた触れることにする。

ところで、二代教主・出口澄は、昭和神聖会の運動に当初乗り気ではなかった。しかし、王仁三郎が「神様がやれといわれるから、やるのである」と説得したため、反対はしなかった。また後に三代教主になる出口直日は、神聖会の運動には終始絶対反対だったという。

昭和10年4月以降、王仁三郎の皇道宣布運動は、一応の収束をみるが、神聖会の運動はますます激しくなっていった。その勢いはとどまるところを知らず、国家権力の中枢を脅かすほどにまで尖鋭化する。

王仁三郎のこうした動きは、極めて不可解である。まるで、弾圧してくれと言わんばかりの行動であった。

特高警察の監視もいっそう厳しさを増し、「大本」内部には、ただならぬキナ臭さが漂い始めた。こうなってくると、さすがに神聖会の幹部の中には、当分運動を差し控え、権力側の出方を見た方がよいとする慎重論も出始めた。

しかし、こうした尻込み的な雰囲気に対し、王仁三郎は、

「弾圧をおそれて運動を中止したり、手控えることは断じてできない」

と檄《げき》を飛ばし、逆に徹底的に運動を進めるよう、指示している。

昭和10年7月、創立一周年の時点で、昭和神聖会は、地方本部25、支部414、会員、賛同者合わせて800万人という、空前の大勢力に発展した。

ここまで大きくなった「皇道大本」と王仁三郎を、当局が黙って見過ごしているはずはない。

しかも王仁三郎は、神聖会創立一周年にあたる同年7月22日発行の『人類愛善新聞』紙上において、公然と国家権力の批判を行なっている。

もはや弾圧は、時間の問題であった。

昭和10年12月、第二次大本弾圧事件

昭和10年12月8日未明、千人余りの武装警官隊が「皇道大本」を急襲した。

日本の近代宗教史上最大・最悪と言われる「第二次大本弾圧事件」が、ついに起こったのである。

警官たちは、決死の覚悟で臨むよう指示を受けていた。「大本」は銃、刀剣、竹槍とい

った武器を隠し持っているという噂を鵜呑みにし、屈強・精鋭の若い信者たちが反撃してくるだろうと考えていたからである。

午前4時半を合図として、「皇道大本」の本拠地である亀岡と綾部の苑内や各建物に、完全武装の警察官たちが土足でドカドカと踏み込んできた。そして無抵抗の役員・信者らを次々と検挙、拘引していった。

岡田内閣の命を受けていた内務省警保局長・唐沢俊樹は、「今度こそは大本を地上から抹殺する方針である」との声明を発表している。その言葉通り、「大本」に浴びせられた暴力の嵐は、想像を絶する残虐非道なものとなった。

周到な計画により万全の態勢を敷いていた警察側の行動は迅速であった。同日午後7時には、亀岡・綾部両本部を管理下に置くとともに、完全封鎖した。午後9時には、奉仕者140人に対し、直ちに帰郷するよう命じている。

この日、王仁三郎は、亀岡にも綾部にもおらず、島根の大祭のため松江別院に滞在していた。

王仁三郎の動きを事前にマークしていた官憲は、島根県下の警察官総数700名の半数近い280名を導入、別院を包囲した。そしてわずか王仁三郎一人を拘束するために、特高課長率いる86名の決死隊が組織され、亀岡・綾部急襲と呼応する形で、8日午前4時、別院内に突入した。

王仁三郎は、むろん抵抗などはしなかった。あたかも、この日が来ることをとうに予測していたように、蒲団の上に座り、悠然と煙草をふかした。

その時の模様を詠んだ、王仁三郎の句——。

寝こみをば　たたきおこされ　しとやかに
われは煙草を　くゆらしにけり

この日に検挙され、京都の各警察署に留置された幹部は合計44名、強制捜索を受けた場所は109ヵ所、また昭和11年12月までの検挙者総数は3000人以上にのぼった。

王仁三郎以下、留置された幹部たちは、獄中で激しい拷問を受けた。それはまさに、常軌を逸した狂気の為せる業であった。

『神仙の人』（出口斎著・講談社）には、その実態がこう書かれてある。

「被疑者は警察でも検事局でも、自白を強要された。自白といっても、すべて前もって準備していた結論に導くもので、冤罪の見本のようであった。とくに特高警察の取り調べは陰険、残虐としかいいようのないものであった。幹部や頑強に否認しつづける者は、竹刀、焼け火箸、水責めなどのあらゆる拷問方法を駆使して失神させ、調書に拇印をつかせた。拷問は、自白を強要するための常套手段であった」

王仁三郎は、もう60を越えていたため、尋問の矛先《ほこさき》は、次期継承者と見られ、まだ年齢もまだ37と若かった出口日出麿に向けられた。

彼に対する拷問は、とりわけ酷かった。連日にわたり、竹刀でメッタ打ちにされ、軍靴で顔を踏みつけられ、銃の底で頭や顔面を何度も何度も殴られた。そのために、日出麿は歯のほとんどすべてが折れ、身体中に無数の傷を負った。精神に異常をきたしたとも言われる。

昭和11年3月13日、王仁三郎以下幹部61名が検察によって起訴された。容疑は「治安維持法違反」と「不敬罪」である。

同時に、皇道大本（本部及び別院27、分院・分社41、主会34、分所・支部1990）をはじめ、外郭団体である人類愛善会、昭和神聖会、昭和青年会、昭和坤生会《こんせい》、明光社、大日本武道宣揚会、更始会の8団体に対する結社禁止令が出された。そして第一次事件の時と同じく、裁判を待たずに、全施設の徹底的な破壊を強行したのである。

綾部には、神殿の至聖殿をはじめ、567畳敷きの拝殿・五六七殿や、教祖殿、祖霊殿（金竜殿）などがあったが、これらはすべてこなごなに破壊され、焼却された。燃え残りがくすぶる煙は、一ヵ月も続いたという。また神苑内にあった金竜苑は埋めつくされた。さらに官憲は、開祖・出口ナオの墓を掘り起し、出口家の墓碑や信者の納骨堂まで破壊した。

亀岡の本部には、王仁三郎自ら設計した月宮殿《げっきゅう》をはじめ、大祥殿《たいしょう》、光照殿、透明殿などの建物があったが、これらもすべて徹底的に叩き壊された。特に月宮殿は、大理石などの石材や鉄筋コンクリートを使用した頑丈な建造物であったが、この破壊だけでも1500発余りのダイナマイトが使用され、3週間もかけてよくやく破壊し尽くした。

「亀岡の神域ではダイナマイト数千発が使用され、こまかいところはハンマーでくだき、ガスで鉄骨が焼き切られた。その爆発音は、遠くはなれた人家の戸や障子を振動させた。

殿堂は、根こそぎ破壊されて土けむりをあげる。樹木は切り倒され、石段さえもくつがえされ、削りとられ、叩き潰された。やがて一帯はぼうぼうたる廃虚となりはてる。（中略）王仁三郎の着物も箪笥《たんす》のまま焼かれた。並行して、地方の大本が聖域とする施設も徹底して破壊される。別院、分院もまったく痕跡をとどめなかった」（同右）

綾部・亀岡両聖地の破壊作業は、およそ一ヵ月にも及び、事件の取り締まりには延べ6785人、破却作業には99334人が従事するという、大がかりな弾圧であった。

その後の裁判の経緯は、昭和15年2月29日の一審判決が全員有罪となるが、「大本」側は即時控訴。昭和17年7月31日の大阪控訴院での二審判決では、治安維持法違反については無罪となるが、不敬罪は再び有罪とされる。これに対し、双方が不服として上告。

昭和17年8月7日、王仁三郎らの保釈が決定し、6年8ヵ月の獄中生活にピリオドを打った。王仁三郎も、すでに71歳になっていた。

保釈されたその日、亀岡に戻った王仁三郎は、無残に破壊され尽くした天恩郷を、初めて目にする。

「このように、日本はなるのや。亀岡は東京で、綾部は伊勢神宮や。神殿を破壊しよったんやから、宮城も空襲をされるのや」

王仁三郎が、こう語気荒くつぶやいたのは、この時であった。

官憲は、一度ならず二度までも、「大本」に対して容赦のない弾圧を加えた。しかし、その経緯をよく見てみると、王仁三郎の方から弾圧させるように仕組んでいったようにも見える。

第二次大本弾圧事件。建物の内部と押収される証拠書類

王仁三郎は、「大本」を再び官憲という外圧に潰させることによって、世界大改造の「型」を行なったのである。

終戦直後の昭和20年9月8日、大審院法廷で上告棄却の判決が出され、同年10月17日、大赦令公布と敗戦に伴う不敬罪解消で、完全無罪となる。

「大本」側の弁護団は、これを受けて

国家に対し損害賠償を求める訴訟を起こそうとした。しかし王仁三郎は、

「この度の事件（第二次弾圧）は、神の摂理であるから、訴訟など起こしてはならぬ」

と言い、これを許可しなかった。

昭和21年2月7日、王仁三郎は「大本」を「愛善苑」の名で再建する。

同年8月末、神苑を造営する陣頭指揮を取っていた時に、脳出血を起こし、床に伏すようになる。

そして昭和23年1月19日午前8時前、亀岡天恩郷「瑞祥館」の一室で、静かに息をひきとった。76歳8ヵ月。文字通り波乱に満ちた生涯であった。

以上、第一章、第二章にわたり、王仁三郎と「大本」に関する沿革を追ってきた。非常におおざっぱではあるが、概略のことはおわかり頂けたと思う。

これらは、ほとんどがすでに様々な出版物により、公開されているものである。いわば、「表」にあたる部分だと言える。

これに対して、「裏」に相当する部分がある。「霊的解釈」と言ってもいいかもしれない。あまり世間的には陽の目を見ず、当然ながら一般知識人の研究著書などには、ほとんど紹介されてはいない。

王仁三郎と「大本」発生の本当の意義は、こうした「表」と「裏」の部分を合わせて理解することにより、初めてわかってくる。

次章からは、その知られざる「裏」の動きに、スポットを当ててみたい。

第三章

世界大改造の雛型経綸の実際と「日の出の神」の謎

王仁三郎は何故この世に現われたか

「三ぜん世界一度に開く梅の花、艮の金神の世になりたぞよ。梅で開いて松で治める、神国の世になりたぞよ」

明治25年の旧正月、出口ナオの口から発せられたこの言葉を、真剣に受け止めて聞こうとする者は、当時は誰一人としていなかった。ナオ自身とて、無学の我が身に一体何が起こったのか、まるで見当もつかなかった。

しかし、王仁三郎との出会いを機に、ナオに憑かった神は世に出ることがかない、「大本」として広く世間に知られることとなる。

丹波の小さな田舎町、綾部に興った大本は、王仁三郎の出現により、日本国内のみならず、海外へ雄飛し、世界の五大州にまで拡大した。

この時、全世界における大本や人類愛善会などの会員、賛同者の数は、膨大な数にふくれ上がっている。道院や紅卍字会をも含めると、王仁三郎を信奉していた人の数は、数千万人に達していたと思われる。

実に巨大な霊的磁場が、王仁三郎を中心に形成されていた。

ところが、昭和10年の弾圧以降、大本の運動は再びかつての勢力を取り戻すことはなく、王仁三郎昇天後はまったく火が消えたようになってしまった。

今、全世界を凌駕した当時の大本の黄金時代を記憶に留めている人は、一般には皆無に近いと言ってよい。

それでは一体、出口王仁三郎という男は、何をするためにこの世に生まれ出たのだろうか。単に美辞麗句を並べたてて、世間を騒がせることが目的だったのだろうか。

あるいは、出口ナオに起こった〝神憑かり〟とは、何だったのか。一万巻にも及んだ「お筆先」は、やはり狐か狸の為せる業だったのだろうか。

いわゆる「常識的」な知識人が分析しているように、あくまで大本を単なる宗教運動と見なし、王仁三郎を単なる宗教家と見なすのであれば、そういうことになろう。

しかし、大本や王仁三郎には、常識では割り切れない、奥の深い部分が沢山ある。

そうした謎を一つ一つ解いていくと、大本という運動が何故起こったか、王仁三郎という人が何故この世に現われたのか、次第にその隠された真実が明らかになってくる。

その大きな真実の一つが、先にも延べた「雛型経綸」である。

大本にあったことが世界に移写する

そもそも「雛型」とは何か。これを簡潔に説明してみよう。

果物に種があるように、あるいは一個の細胞にも核があるように、万象万物、実があればば中心がある。物質的実体には、必ず中核となるべき部分が存在する。

王仁三郎は、「地球は天球の縮図である」と述べている。つまり、宇宙を全体とすれば、中核となる存在が地球である、というわけである。

さて、その地球に住むわれわれの地上世界にも、中核となる存在がある。王仁三郎によれば、それは言うまでもなく、この日本列島のことである。

日本は、世界の中心であることを、その国土を以て体現している。つまり、世界の五大陸を凝縮した形が、そのまま日本の姿となっているのだ。

具体的に言うと、北海道は北米大陸、本州はユーラシア大陸、四国はオーストラリア大陸、九州はアフリカ大陸に、それぞれ対応している。南米大陸については、王仁三郎は台

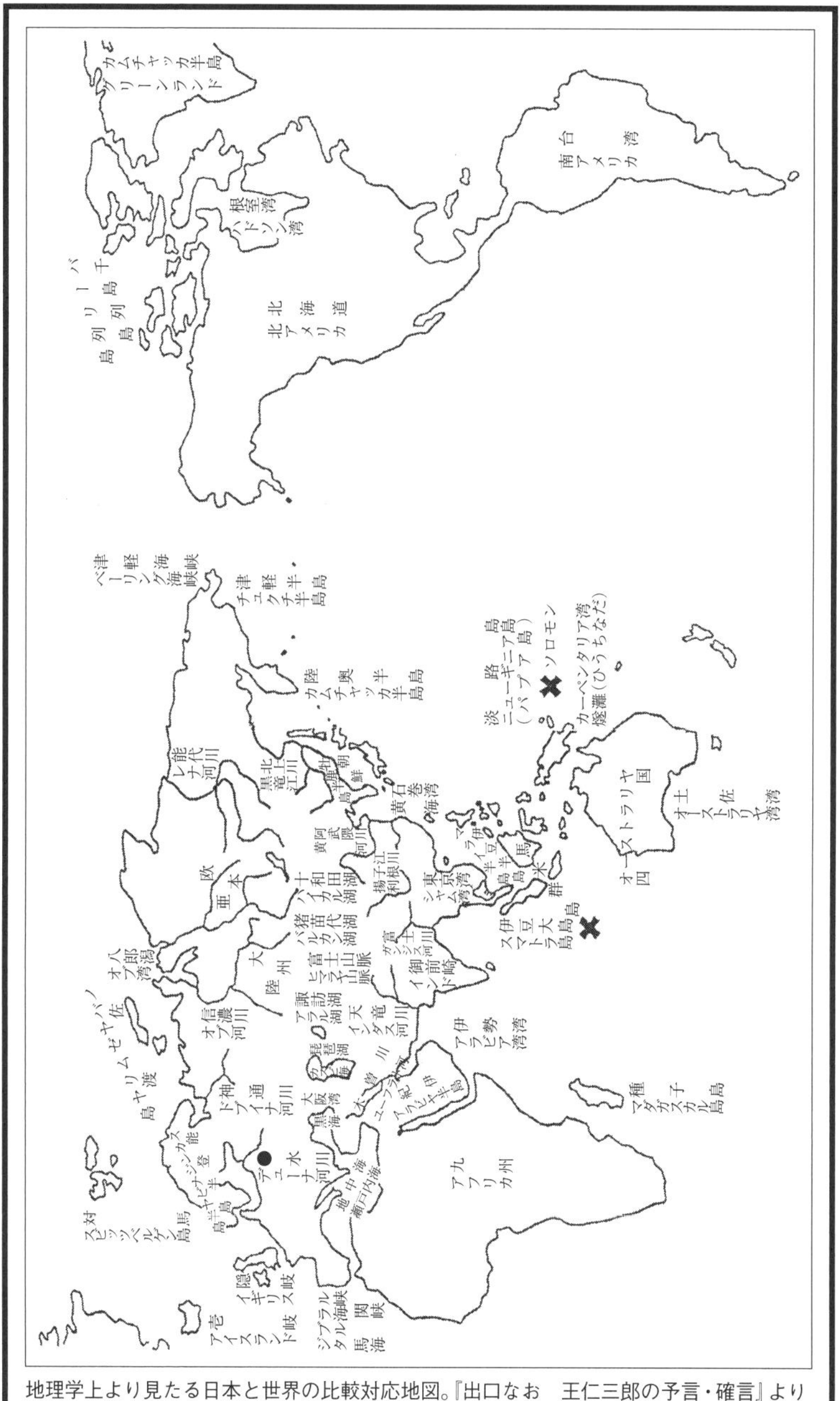

地理学上より見たる日本と世界の比較対応地図。『出口なお　王仁三郎の予言・確言』より

湾島が相当すると述べているが、台湾は現在日本の領土ではなく、異論のある人もあろう。(私には淡路島が南米大陸に酷似しているように思える)

ともかく、世界地図を広げて見ると、明らかに日本列島は世界の「雛型」であることがわかる。

神界・幽界・現界にわたる三千世界を、神の御意のままの世に立て替え、立て直すというのが、今回の神の経綸である。そのため世界の各地に、様々な形で〝御使い〟を降ろし、警告を発してきた。キリスト、釈迦、マホメットなどといった過去の聖賢たちが現われたのも、そうした神の経綸の一環であった。日本においては、江戸末期の頃より発生した黒住教、天理教、金光教といった神道系新宗教が主にそうであった。

しかし、各教祖たちから発せられた神の言葉を人民は聞き入れなかった。そこで神は、いわば〝強制的〟に世界の大改造を断行する方法を取る。

それが、出口ナオの肉体を機関として大本が地上に発生させられた原因であった。

冒頭の〝初発《しょはつ》の神勅《しんちょく》〟の中に、「天理・金光・黒住・妙霊、先走り、とどめに艮の金神が現はれて、世の立替を致すぞよ」とあるのは、その意味である。

従来、これは大本の教義がそのまま世界に拡がって、人類が〝改心〟し、〝みろくの世〟

がこの世に顕現するという意味に解釈されてきた。

しかし、大本の運動が普及することによって、いきなり世の中が変わるということでは
なかった。現に、その意味では大本は失敗している。

大本は、世界の立て替えの「雛型」を行なったのである。この雛型が、時を経るに従い、
相似形を為して拡大していって、最終的には世界の大立て替えとなり、〝みろくの世〟が
実現する。

これを、雛型経綸と呼ぶのである。

王仁三郎は、大本の最高指導者として、世界大改造の雛型を演じたのであった。

そう考えると、『大本神諭』に示された、

「世界の〝かがみ〟になる大本であるから、世界にあること、雛型をして見せるぞよ」

といった「筆先」や、王仁三郎の言う、

「大本に在りた事は皆世界にある。即ち大本は雛型をするところである」

という言葉の意味が、納得できるはずだ。

「地の準備神業50年」の秘密

ところで、この世界大改造の雛型が、大本を通じて演出された〝期間〟というものがある。

その期間とは、いつからいつまでを指すかと言うと、それは明治25年旧正月に起こったナオの帰神から、昭和18年元旦までの、50年間である。王仁三郎の言に従えば、この50年という期間は〝地の準備神業〟と呼ばれる。〝地〟とは、地上現界という意味である。

明治33年旧4月7日の『大本神諭』には、次のように示されている。

「艮の金神は、此の世を始めた神なれど、余り我が強うて、丑寅《うしとら》へ三千年と五十年押し込められており、蔭から構うておりたが、蔭からの守護は夫《そ》れ丈《だ》けの事、神の威徳はチットモ人民に判らんから、表に現われて神の威勢の光を出して、世界を救けるぞよ、大謨《たいもう》な事であるぞよ」

この〝三千年と五十年〟という意味については、長い間謎とされ、誰も解く者がいなかった。

ところが王仁三郎は、晩年になって次のような詠歌を発表する。

御経綸三千年に満ちぬるは　明治二十四年なりけり
昭和歴十八年の元旦は　五十年準備神業の満てる日にぞある
五十年の地の準備神業を終え　十八年は第一年となれり
三千年と五十年にて切替の　準備は全く出来上りけり
昭和十八年　未の年より三千年の　いよいよ仕組の幕は上れる

つまり、永い間押し込められてきた〝艮の金神〟は、明治24年を以て三千年（悠久の永きにわたりという意）に及ぶ〝蔭からの守護〟を終え、〝表の守護〟に切り替わった。しかし、まだ本格的な活動を行なうには、五十年間という〝地の準備神業〟が必要であった。その準備期間が、昭和18年の元旦を以てすべて完了したというのである。

その前年の昭和17年8月7日、王仁三郎は保釈決定により亀岡に戻っている。

明治25年（1892）旧正月から数えて満50年にあたる、昭和18年（1943）元旦までの間に、大本は世界の立て替えの雛型を、すべてやり終えた。

これを受けて、王仁三郎は「準備が全て出来上がった」と宣言したのである。

そして昭和18年より〝艮の金神〟は、いよいよ本格的に表に現われ出でて、地上現界の立て替え・立て直しを行なうこととなった。

王仁三郎による〝艮の金神〟陰退のいきさつ

ここで〝艮の金神〟という神について、少し説明しておく必要があるだろう。

〝艮〟とは、陰陽道から来ている方位を表わす言葉で、〝丑寅〟すなわち東北の方角を指す。

この丑寅の方角は「鬼門」と呼ばれ、古来、百鬼出入の門として恐れられてきた。

鬼門の方角を増改築したり、その方角にある樹木を切り倒したりすると、家の者が次々と死んだり、病に伏すなどの祟りがあるとされる。

なお、この丑寅とは正反対の、〝未申《ひつじさる》（＝坤）〟すなわち西南の方角は、「裏鬼門」と呼ばれ、「鬼門」と同様に恐れられた。

〝金神〟というのも、やはり方位を支配する神で、金神のいる方角を汚すと「七殺の祟り」がある。七殺とは、家の者七人がとり殺されるという意味だ。もしその数が七人に足りない場合は、牛や馬などの家畜に及び、それでも足りなければ隣人に及ぶほどの凄まじさであると言われる。

つまり、〝艮〟の〝金神〟と言えば、陰陽道では最悪の祟り神を意味するのである。

また「艮」とは「とどめ」とも読む。「とどめを刺す」の「とどめ」である。

開祖・出口ナオの〝初発の神勅〟にある、「天理・金光・黒住・妙霊・先走り、とどめに艮の金神が現はれて、世の立替を致すぞよ」とは、最後にこの世に現われ出て〝悪の世の中〟にとどめを刺し、世の立て替えを断行する神の復権を宣言したものだ。

王仁三郎の審神により、ナオに憑かったこの〝艮の金神〟の正体は、「国常立尊《くにとこたちのみこと》」であることがわかる。

国常立尊の神名は、『日本書紀』の冒頭にも見られる。しかし、王仁三郎の解釈は、『書紀』に描かれている創世神話とはかなり違う。

王仁三郎によれば、超太古の神代の昔、地球の表面が未だ泥海状態であった頃、地球の修理固成の総指揮を取った最高神が、この国常立尊であった。いわば地球神界の主宰神である。

この世が始まった当初は、国常立尊が、悪を一切許さぬという厳格な神政を敷いていたため、世界は非常に良く治まり、平和が満ちあふれ、立派に統制が取れていた。

しかし、その施政の余りの厳格さに、国常立尊に対し不満を抱く神々が増え始める。やがてこうした神々の勢力は侮り難いものとなり、ついに尊に退位を迫るようになった。

大本の建物内部の様子

尊は、彼ら不満分子の説得に力を尽くしたが、聞き入れられず、いわゆる「悪盛んにして天に勝つ」という状態となった。

かくして国常立尊は、彼らの要求を止むなく受け入れ、世界の東北（丑寅）にあたる日本列島に押し込められた。以来、東北は「鬼門」と称され、この方角を汚すと〝艮の金神〟により祟られると言われるようになった。

また、国常立尊の妻神である豊雲野尊《とよくもぬのみこと》は、夫神とは正反対の西南（未申《ひつじさる》）にあたるイスラエル地方に押し込められた。以来、西南は「裏鬼門」と称され、豊雲野尊は〃坤《ひつじさる》の金神〃として恐れられるようになる。

国常立尊の隠退により、世は邪神・邪霊の天下となった。そして〃我れ善し〃〃強い者勝ち〃主義が横行し、神・幽・現にわたる三千世界はただ乱れゆくばかりであった。

有史以来、人類の歴史は、常に対立・闘争を繰り返し、強い者が弱い者を征服し、滅ぼすという形で進展して来たことは、ここで指摘するまでもない。

今や、悪の跳梁跋扈《ちょうりょうばっこ》する世は頂点を迎えんとし、地上世界のみか神霊界までもその存在が危ぶまれている。

ところで、国常立尊、豊雲野尊ら正神系の神々は、いったんは悪神・悪霊たちの要求を受け入れ、退位したが、時が来れば再び神界に復権することは、あらかじめ約束されていた。この世を彼らの手に委《ゆだ》ねれば、必ず行き詰まり、崩壊の危機が訪れることは明らかだったからである。

そして、明治25年旧正月、出口ナオの肉体を機関として、ついに〃艮の金神〃国常立尊は神界への復権と、三千世界すべてに及ぶ立て替え・立て直しの断行を宣言したのであった――。

以上が、ナオの筆先である『大本神諭』や、王仁三郎の『霊界物語』に説かれているところの、〝艮の金神〟にまつわる創世から大本発生に至るまでの大まかな経緯である。

三段の型の秘義と、日本の二度目の立て替え

右の神霊界の事情をふまえた上で、雛型経綸が実際どのように行なわれるのか、考察してみよう。

王仁三郎によれば、大本は「型」をするところであるが、この「型」にも二種類あるという。

一つは、神霊界に起こったことが、その写しとして、地上現界の大本の中に現象化することである。これは「模写《かた》」と表記される場合もある。

今一つは、これから地上界に起こる立て替え・立て直しを、大本の内部において「型」として演出すること。これは「雛型《かた》」と表わされる。

こうした意味において、『大本神諭』には次のような神示が、多く出されている。

「世界にある事変は、明治三十二年から大本の中に模写《かた》がして見せてあるぞよ」

「大本の雛型《かた》は、神界の仕組であるから世界中へ映るぞよ」

「この綾部の大本は、世界に出来てくる事を前に実地の型をして見せてあるから、十分に気をつけておくがよいぞよ」

「このような大もうな御用、真実の御用になりたら人民の中では出来んから、模型《かた》を命じて御用さすぞよ」

これらはすべて、神界で起こった立て替え・立て直しの仕組みが、現界では大本に反映し、大本で型として出されたことが世界に写っていくことを述べたものである。

さらに、この移写の仕方には、三段の型と呼ばれるものがある。

簡潔に言えば、神界で起こったことは、続いて幽界に反映し、そして地上現界に写る。

立て替え・立て直しの経綸の場合、その〝受け皿〟的役割を担った大本に写ってくる。

また、大本に起こった立て替え・立て直しの型は、まず日本に写る。その後に世界に移写していくというものだ。つまり、いずれの場合も必ず三段階を経るということである。

大本は、明治25年旧正月から昭和18年元旦の五十年の間に、この「三段の型」を実演したのであった。

明治33年、大本では「男嶋《おしま》（冠島）・女嶋《めしま》（沓島）開き」の神事が執り行われた。これには、押し込められていた〝艮の金神〟を世に出す意味があった。また大正五年には、「神島《かみしま》（上島）開き」の神事が行なわれた。これには〝坤の金神〟を世に出す意味があった。

ところが、昭和6年には、同様の主旨で、「北海道と喜界《きかい》ヶ島（宮原山）開き」の神事が行なわれている。

これについて、王仁三郎は『玉鏡』の中で、こう述べている。

「男嶋、女嶋に艮の金神様が落ちておられたので、坤なる神島には坤の金神がおちておられたということになるが、北海道の別院のある芦別山にはまた艮の金神が落ちておられたといい、その坤なる喜界ヶ島の方には〝坤の金神〟が落ちておられたといい、何だかわけがわからないというが、これは皆真実で、また『型』である。
綾部（大本）から言えば、男嶋、女嶋と神島。日本から言えば、北海道と喜界ヶ島。世界から言えば、日本が艮で西のエルサレムが坤である。『三段の型』のあることを取り違いしてはならぬ」

要するに、「男嶋・女嶋開き」というのは、大本の立て替え・立て直しの雛型を出すための神事であり、「北海道・喜界ヶ島開き」というのは、日本の立て替え・立て直しの雛型を出すための神事であった。

さらに、世界の立て替え・立て直しの雛型を出すための神事というのは、王仁三郎の「入蒙」がこれに相当するのである。

王仁三郎の「神政王国建設」の計画は、アジアの東北（丑寅＝艮）にあたる蒙古から入り、中央アジアを経て、アジアの西南（未申＝坤）にあたるエルサレムに至るというものであった。

この「入蒙」により、王仁三郎は、世界の立て替え・立て直しの雛型を打ち出したのである。

このようにして演出された「三段の型」は、地上現界においては、大本、日本、世界の三段階を経て移写拡大する。これが、雛型経綸の実際である。

明治25年から昭和18年までの50年間のうち、大本は二回にわたる「立て替え」を経験している。「第一次大本事件」と「第二次大本事件」である。

大本にあったことが日本に移写するとすれば、日本においても「立て替え」が二回起こらなくてはならない。

第一回目の立て替えである「第一次弾圧」は、日本においては大東亜戦争における敗戦という形で写って来ている。

しかし、大本の場合でもそうであったように、一度目のこの立て替えにおいて、すべてが潰されたわけではない。

一度は無条件降伏に追い込まれ、体制変革を受け入れた日本であったが、その立ち直りは極めて迅速であった。日本人ビジネスマンは企業戦士などと呼ばれて世界中を駆けめぐり、世界第二位の経済大国となるまでに成長した。

これは、大本が第一次弾圧の痛手を乗り越え、宣伝使の活躍によって世界の五大陸にまで支部を設立し、いわゆる「大本の黄金時代」を築いた時の〝型〟が、そのまま移写されたものではないか。

とすれば、第二次弾圧の移写である日本の二度目の立て替えは、これから起こることになる。

第二章において述べたように、第二次弾圧というのは、規模においても、残虐さにおいても、第一次弾圧をはるかに上回るものであった。

とすると、日本にこれから起こるであろう「第二次立て替え」は、大東亜戦争末期に現出した立て替えとは、比べものにならないものとなって現われることになる。その詳細については、次章において触れることにする。

ともかくも、王仁三郎の言うように、大本は「型」を行なうところであった。そしてその「型」には、〝善〟の部分もあり、〝悪〟の部分もあった。

大本は善悪の型を演出した

50年間に及ぶ大本の雛型神業は、けっして平坦なものではなかった。

むしろ、いろいろな人間が集まり、常に様々な思惑が渦を巻いていた。大本の内部でも多くの派閥が発生し、互いに反目し合うこともあった。

これは、出口ナオと王仁三郎の間でもそうである。明治32年、王仁三郎が綾部に移って来たばかりのこの年から、二人は次第に対立し合うようになる。

明治33年にはさらに不協和音が深刻化し、翌34年にはナオが弥仙山《みせんざん》に籠《こも》ってしまったこともある。大本で言う、開祖の「岩戸籠り」である。

またこの時期、開祖派の信者たちによる王仁三郎排斥運動も激しくなり、彼は一時、綾部を追われている。

こうした大本内部でのゴタゴタは、初期の頃から枚挙に暇のないほどある。特に、開祖存命中は、王仁三郎に対する風当たりは、大本内部においてかなり強かったようだ。

しかし、すでに述べているように、大本とは雛型をするところである。そこには、善的な型も、悪的な型も含まれる。

『大本神諭』には、次のように記されている。

「大本にありた事件は、大きなことも小さなことも、善いことも悪しきことも、皆世界に現れてくる」

「大本は……いつになりても善い〝かがみ〟と、悪い〝かがみ〟とが出来る大望な所である」

「万古末代、善と悪との鏡を出して善悪の見せしめを致す世界の大本となる尊いところである」

「大本は善悪二つの世界の型を出すところ、他人に傷はつけられぬから、ナヲの血筋に悪の御役をさせるぞよ」

〝ナヲの血筋に悪の御役をさせる〟とある通り、大本内部を攪乱させる人物は、ナオの血統から出ている。長女の大槻米夫《おおつきよね》妻、それに三女の福島久《ひさ》夫妻がこれにあたるとされる。

とくに福島久は、寅天堰の茶店に立ち寄った王仁三郎を出口ナオに引き合わせた功労者であるが、後に金毛九尾などこの世を乱した悪霊がすべてとり憑いたと言われる。

〝神憑かり〟状態になった久は、変性女子（王仁三郎）は高天原を乗っ取ろうと企てる悪神・素盞嗚尊の肉宮であると激しく非難し、独自に「筆先」を出して神業を行なった。これに従ったのが海軍中佐・飯森正芳や星田悦子といった面々で、彼らを称して「八木派」という。八木とは、久の店のあった寅天堰があった地名である。

泉田瑞顕氏の説によれば、八木派とは「米国」の型だという。綾部が「日本」に相当するとすれば、八木はこれを内外から攪乱させ、主導権を握ろうと画策する「外国」であり、その親玉格である「米国」に相当する。確かに、「八」「木」という二字を重ね合わせると、「米」という字になる。

また、久が神憑かり状態になる前に、〝悪霊〟が憑依したのは、長女の大槻米であった。（ここにも、「米」という字がある）

大正4年2月3日、米に憑かっていた〝悪霊〟は、肉体を変えて久に憑依する。この時の神憑かりは非常に激しいもので、久は夫の寅之助に取り押さえられ、柱に縛り付けられた上、はたきの柄が簓《ささら》になるまで叩かれた。その結果、久の顔はすっかり腫れ上がり、常人とは思えぬ恐ろしい形相となったという。

この間、久の本霊は肉体を脱け、神により神霊の世界、幽冥《ゆうめい》の世界、そこに落ちたら再び這い上がることができないと言われる根底の国、「十万道」の地獄を実地見聞させられていたとされる。この苦しい業が一ヶ月続いた後、久は、「今の大本の状態は、開祖の筆先の丸呑み、取り違いばかりであり、このまま行けば天地の御規則破りばかりである」と考えるようになり、必死になって大本の〝誤り〟を正すべく、叫びまわるのである。

しかし久のこの言葉は聞き入れられず、悪神と呼ばれて排斥されるが、大正4年11月6日、飯森正芳が久と結び付き、共に活動を開始する。こうした実情は、『霊界物語』の中に、〝高姫《たかひめ》〟と〝妖幻坊《ようげんぼう》〟の物語として描かれている。

大正6年12月15日、〝義理天上日之出神〟と名乗る霊が久に憑依し、大本の因縁や神霊界の話などを説いていく。そして久は、この神に教えられるがままに膨大な筆先を書きつづっていくが、この筆先を『日乃出神諭《ひのでしんゆ》』と呼ぶ。

こうして久は、救世主〝日の出の神〟の御魂を持つものは自分であると信じ込むに至る。そしてこれに同調する者たちが八木派を結成し、雛型経綸の妨害をはかり、大本内部には大きな混乱と動揺が生じたのである。

当時の大本にとっては、〝日の出の神〟の出現というのが動揺と混乱を招く大きな原因であった。というのは、開祖の筆先には早くから、

「出口と日の出の神を土台と致して天の岩戸を開いて、世界を神国の世に改めるのざぞよ」

だとか、

「出口直、出口王仁三郎、出口澄、日の出の神が三千世界の手柄をいたすぞよ。この日の出の神が現われ出たら、一度に開く梅の花、艮の金神が現われて、世界をよくしてやるのざぞよ」

などと示されていたからである。

「日の出の神」の謎と出口清吉生存説

大本では、出口ナオが「厳《いづ》」で「縦」の御役、王仁三郎が「瑞《みづ》」で「横」の御役とされ、縦横あやなす仕組みが行なわれて〝みろくの世〟という「錦の御旗」が織り上がるとされる。

また、ナオの筆先によれば、世界を立て替え・立て直し、この「錦の御旗」を織り上げて末代動かぬ神の世を顕現するためには、〝四魂の神〟が打ち揃わなければ成就しないとも言われていた。

その四魂の神とは、〝艮の金神〟〝坤の金神〟〝金勝要《きんかつかね》の神〟〝日の出の神〟の四柱である。〝艮の金神〟は出口ナオに、〝坤の金神〟は王仁三郎に、〝金勝要の神〟は、二代教主であり王仁三郎の妻である出口澄に、それぞれ神憑かりすることは明らかにされ、誰も異論を唱える者はいなかった。

問題は、〝日の出の神〟の御魂である。

筆先によれば、〝日の出の神〟の御魂を持つ者は、ナオの次男である出口清吉《せいきち》と定められていた。だが、清吉は戸籍上、明治28年に死亡したことになっている。

清吉は、ナオの帰神が始まった年である明治25年の12月1日、東京の近衛師団に入隊し、台湾へ出兵、そのまま還らぬ人となった。国からは戦死したという通達があり、ナオには弔慰金とともに清吉のものとされる遺骨が引き渡された。

ところが、ナオが神に清吉の生死についてお伺いを立てると、〝清吉は死んでおらんぞよ〟という言葉が繰り返される。例えば、明治30年1月7日の筆先。

「清吉は死んでおらぬぞよ。神が借りておるぞよ。清吉殿とお直殿がこの世のはじまりの世界の鏡」

〝死んでおらぬ〟という表現は、「死んで」「おらぬ」と解釈した場合、もう死んでしまってこの世にはいないという意味にも取れる。しかし、明治32年旧8月10日には、

「他ではいはれぬが、出口清吉殿は死んではおらんぞよ。人民に申してもまことにいたさねど、清吉殿は死なしてはないぞよ。今度お役に立てねばならんから、死んでおらんぞよ」

と出されている。清吉はあくまで「死んではいない」というのである。

さらに筆先は、清吉を〝日の出の神〟と定める。

「出口清吉は結構に艮の金神さま、竜宮の乙姫さまにお世話になって、結構なことさしてもろうておりまする。清吉殿は艮の金神が日の出神と名がつけたるぞよ」（明治32年8月10日）

「出口清吉を日の出神と神界からは命令いただきて、今度の大望について出口清吉と三千世界の手柄いたさして、日の出神と現われて、親子二人を地にいたして、昔からの因縁を説いて聞かしたならば、変性男子と女子の因縁が解るぞよ。この因縁はめずらしき因縁ざぞよ。説いて聞かしたら、みな改心できるぞよ。出口ナオ、出口清吉、上田喜三郎、出口澄、みな因縁ある身魂であるぞよ。今度世の元になる因縁の身魂が、天で改めいたして、一とこへ集めてあるのざぞよ」（明治33年7月25日）

こうして、信者の間には、清吉はどこかで生存しており、やがて大きな手柄を立てて戻って来ること、その時には〝日の出の神〟と現われて、三千世界の立て替え、立て直しが行なわれ、〝みろくの世〟が到来することが噂されるようになる。

だが、その期待に反して、清吉が戻ってくることはなかった。

そんな折、清吉は肉体としては死んだが魂は本国に帰還し、〝義理天上日之出神〟として自分に憑かったのだ、と叫び出したのが、福島久であった。

大本内部におけるこの時の衝撃は大きく、久を信じる者も現われ始め、八木派の勢力は侮れないものとなる。

なお、この清吉生存説について、「いづとみづの会」の出口和明《やすあき》氏は、その著書『出口王仁三郎・入蒙秘話』の中で、清吉は台湾で戦死せず、その後、軍の密命を帯びて大陸へ渡ったこと、また王仁三郎の蒙古入りには、清吉と現地で面会する目的もあったことなどを推論している。

様々な傍証的資料や証言にもとづいた同氏のそうした推理は、おそらく真実に近いと思われる。

もし当時、清吉が大陸で生きていたとすると、福島久に憑かった霊は、清吉の霊などではなかったことになる。

さて、ここで気になるのは、大本肝川《きもかわ》支部で独自に行なわれていた神憑かり神業である。福島久のみならず、この頃の大本は、肝川で起こった霊的な動きと深く関わっているのだ。

王仁三郎にも影響を与えた肝川神業

兵庫県の北部にある川辺郡猪名川《いながわ》町、当時は中谷《なかたに》村と呼ばれていた山間部に、肝川という村落がある。ここに車小房という、五人の子を持つ貧農の主婦が、細々と暮らしていた。

小房は、出口ナオがそうであったように、突然に神憑かりとなり、狂人のように大声をあげて叫び出す。福島久が神憑かりになる少し前の、大正3年の秋のことである。

小房に憑かった神は、大声で次のような言葉を発する。


「いよいよ時が参りてこの神が世に現われることとなった。世界の人民よ、神の子よ、神の申すことを素直に聞いて改心致せよ」


以降、小房の肉体を機関として、膨大な量の啓示が降ろされることとなる。その啓示の内容とは、宇宙創造から始まって、神代の歴史、人類の歴史、肝川と大本の因縁、人間のみたまの因縁、その他様々な「真理」が含まれているが、これらをまとめたものが『由来記』である。

その正統性のほどはともかくとして、大正初期の頃の大本は、この肝川と深く関わり合っている。

小房の神憑かりの力と啓示は、次第に大本の信者の間でも評判になり、大勢の人が肝川に集まって来たという。やがて肝川は、大本の支部と位置付けられる。
王仁三郎自身、何度も小房と会っていたことは事実のようである。
開祖昇天後、王仁三郎が直受した『神諭』にも、肝川の名は多く記されている。

「肝川は八大竜神の守護があるから、大本の分社と致してあるので在るから、肝川には奇《く》しびな神業が見せてあろがな」（大正7年12月2日）

「大正六年六月には、肝川の竜神を高天原の竜宮館へ迎え、大正七年七月には七十五日の修行が仰せ付けてありたのも、皆神界の昔から定まりた経綸が実現してあるのじゃぞよ」（大正7年12月23日）

小房は、王仁三郎に肝川竜神を見出してもらったことを大変に喜んだ。そして肝川竜神を、王仁三郎の力によって世に出してもらいたいと願った。
福島久が飯森正芳他2、3名を引き連れて肝川を訪れたのは、大正6年11月のことである。「直霊軍」の旗上げを肝川で行なうので、多忙な王仁三郎の命を受け、代理としてやって来たのであった。

『由来記』によれば、久はこの肝川の地で、肝川竜神を世に出させまいと必死の努力を傾けていた悪霊・草鶴《くさづる》姫の毒牙にかかる。かくして久は、飯森と共謀して肝川竜神の力を借り、大本本部を乗っ取ることを企てた。しかしこの陰謀も、開祖・出口ナオの神眼により見破られ、挫折するに至ったのだという。

この〝肝川騒動〟により、王仁三郎は、綾部の本部で大勢の信者たちを前にすべての事情を話し、「肝川にはかくの如き悪霊が根を張っているから、今後自分の許可のない者はけっして肝川に行ってはならぬ」との通達を出す。

しかし王仁三郎は、以後も小房と個人的には会い、神霊的な話をいろいろと聞いたようだ。

『由来記』には、王仁三郎が「機会あるごとに肝川を訪ね、教祖出口ナオの死後はもっぱら、車小房の啓示によって大本教の基礎を築いたのである」と記されている。

また、『霊界物語』は、すべて小房が王仁三郎に話したことが書かれてあるのだという。真偽のほどは不明である。だが確かに、王仁三郎の筆先には、小房から得た話をもとにしているのではないかと思われる部分もある。

例えば、大正8年2月13日の『神諭』には、

「世の元の大御宝を占め固める折に、差添《さしぞえ》に成って活動なされた神は、真道知彦命《まみちしるひこのみこと》・青森知木彦命《あおもりしらきひこのみこと》・天地要彦命《てんちかなめひこのみこと》の三男神と、常世姫之命《とこよひめのみこと》・黄金竜姫之命《こがねたつひめのみこと》・合陀琉姫之命《あうだるひめのみこと》・要耶麻姫之命《かなやまひめのみこと》・言解姫之命《こととときひめのみこと》の五女神、合して三男五女八柱の神を育て上げて、差添の御用を命《さ》せなさったのが稚日女岐美尊《わかひめぎみのみこと》であるから、是が九重の花と申すのであるぞよ」

と示されているが、漢字には若干の異同があるものの、これらの神名はほとんどが『由来記』にも登場する神である。（青森白木上《しらきじょう》、常世姫、金龍姫、黄陀琉姫《おうだる》、金山姫《かなやま》、若比売君《わかひめぎみ》など）

そして、久に憑かった〝義理天上日之出神〟なる神の名が出てくるのも、この『由来記』なのである。

私が思うに、これらの霊的な動きは、広い視野に立って総合的に判断することが重要である。一つのものだけを絶対として取り上げ、他は悪としてすべて排除するような姿勢では、経綸の真相をつかむことはできない。

大本が善悪の型を示すところであるならばなおさら、福島久や車小房の神憑かりについても、冷静に研究する必要がある。

その意味では、『日乃出神諭』や『由来記』も、真剣な検討に値する神典であろう。

ともかく、本稿において神経綸の真相に迫る上で重要な神として特に取り上げたいのは、「日の出の神」である。

この神の正体を解く鍵を握る人物が、昭和3年4月15日、肝川の小房のもとを訪れる。

海軍軍人であった矢野祐太郎の妻、シンである。

肝川と接触した矢野祐太郎

矢野祐太郎は、奉天で武器商を経営し、王仁三郎の入蒙を裏で助けた人物であることは先にも触れたが、その後は大本を離れていた。

小房とはすでに綾部で馴染みであったシンは、この日肝川を訪れると、「肝川竜神を世に出すのために働かして頂きたい」と申し出た。そこで小房がシンに、肝川の使命や神より示された責任の重大さなどを説いて聞かせると、シンは「主人と相談の上、必ずその重大使命をやり遂げましょう」と誓ったという。

こうして、矢野祐太郎は、肝川を訪れるに至るのである。

王仁三郎の〝影の参謀〟と言われた矢野祐太郎は、輝かしい経歴を持つエリート軍人であった。少々話が脇道にそれるが、ここで彼の人物像に迫ってみよう。

矢野は、明治14年3月15日、東京・築地に生まれた。築地中学を出ると海軍兵学校へ進学。同39年12月、大尉の時にシンと結婚し、三男一女をもうけた。

日本海海戦では、戦艦「三笠」に乗船、参戦したが、この時日本軍の砲弾に不発弾が多かったことを疑問に思い、約二年間を信管の研究につぎこみ、その改良に成功するという功績をあげている。

大正2年から5年にかけては、軍の特別任務を帯びて大使館附き武官として欧州へ派遣され、イギリス海軍が秘密裡に建造していた異形マストの軍艦の構造を調べる。一方で、世界的な某秘密結社（フリーメーソンのことか）に潜入し、日本包囲伏滅作戦という重大な情報を入手して帰国している。

王仁三郎は、大正8年12月15日号の『神霊界』誌上において、同年5月10日、某氏より魔素（フリーメーソン）の陰謀・シオンの決議書（シオンの議定書）を手に入れたと語っているが、この某氏とはおそらく矢野のことであろう。

さらに矢野は、櫓式マストの考案、新合金の試作成功による16インチ大口径砲の開発、ボタン一つで全艦載砲を自在に操作可能にする電動装置の完成など、英米に比べて劣勢だった日本海軍の戦闘能力強化に大きく貢献し、中佐としては破格の勲三等に叙せられている。

大正7年より海軍大学校で教官を務め、翌8年には大佐に昇進。まもなく少将に昇進する直前の大正11年、突然海軍を辞して予備役となり、神霊の研究にすべてを捧げるようになる。

その後大陸に渡り、奉天に武器商の事務所（三矢商会）を構えて張作霖ともパイプを持ち、王仁三郎の入蒙工作を裏で取りしきるが、入蒙事件後、王仁三郎とは喧嘩別れをすることになる。

矢野は、大正14〜15年から昭和3年頃までの間、福島久の『日乃出神諭』の研究に没頭する。

矢野夫妻が小房に接触して来たのは、それからのことであった。

矢野はもともと史学経典については博学であった。『記紀』はもちろんのこと、『上記《うえつふみ》』

『天津金木《あまつかなぎ》』『九鬼《くかみ》文書』及び黒住、天理、金光の各教説、キリスト教は新旧の両聖書に、仏教は八宗の教理に通じていたという。

矢野は肝川に一年ほど滞在し、研究に取り組むが、ほどなく小房と喧嘩して東京に帰ってくる。矢野祐太郎・シン夫妻はどちらも、優れた霊媒的能力を有していたようだ。

昭和5年11月6日、矢野は〝大出口直霊大神（昇天後の出口ナオの御霊の神名だという）〟から、「棟梁皇祖皇大神宮へ行け」との勅命を受けた。「それがどこにあるのかもわからず、いろいろと調べた結果、北茨城の磯原にそのお宮があることが判明した」と彼は後に述べている。

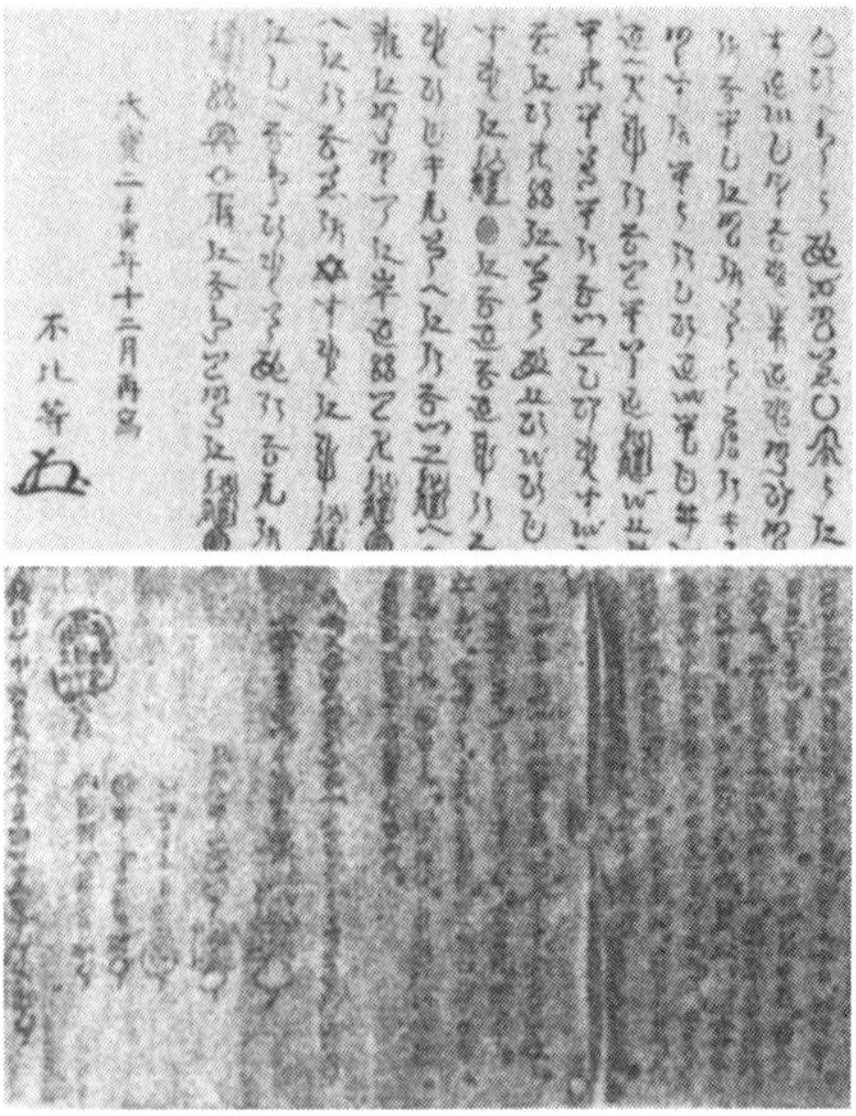
矢野祐太郎は史学経典に博学であった。出雲王朝の正統性を主張する『九鬼文章』（上）と、神代の万国史ともよばれる『竹内文書』（下）

同年11月14日、矢野は皇祖皇太神宮に参拝し、管長の竹内巨《きよ》麿《まろ》と会い、『竹内文書』の研究に取り組むことになる。

そして昭和7年の節分の夜、矢野祐太郎自身に、次のような神示が降りる。

「今日までに口伝にも文書にも伝え遺してないことを、お前が余り熱心に聞くので神もついにお前の熱心に免じて此点までは教えたのであるから、お前は自分の頭に刻み込んだその事を書き残せ」

こうして矢野は、自ら『神霊密書』という経典の口述を始めるのである。

文字通り命を賭けた矢野の遺稿、『神霊密書』

『神霊密書』の口述にあたり、矢野は一枚の原稿も、一冊の参考書も用いずに、すでに神《かみ》示《しめ》されていたものを喋ったという。矢野の口述する内容は、妻のシンにより筆録が行われた。

シンは、その時の様子を、こう述懐している。

「時たま、言葉がフッと途切れますので、彼を見ますと、彼は正座しながら腕組したままで天井を睨んで、『ああそうですか、ウンウン』などと独り言を言っているのです。それで『天井に何か変わった事があるのですか』と聞きますと、『ウン今あそこに神様が字を書いて教えて下さっていたので、それを読んでいたのだ』とまた喋り続けて、数日間で説話は終わりました」

このようにして編纂された『神霊密書』であったが、出版しようにもその費用がなく、取敢えず100部を謄写刷りにし、高松、久邇、東久邇、梨本、閑院、朝香、竹田の各宮家に献上すると共に、元警視総監・赤松濃《あつし》氏をはじめとする有志に配った。

その後、竹田家の申し入れにより、矢野自身が浄書して特製本を一部作成し、皇后を通じて天皇にまで献上されたという。

しかしこの頃、矢野の行動は、すでに特高警察によって監視されていた。

昭和11年2月、当局は、「第二次大本弾圧事件」「二・二六事件」に続き、同年3月、矢野を検挙し、大井警察署に拘置する。

「矢野は詭弁を弄して国の尊厳と皇室の神聖を冒瀆している。その証拠が本書に他ならず」

というのが主な検挙理由だった。

矢野の取り調べにあたっては、かつて海軍に貢献した功績に対する遠慮があり、大本の場合のような過酷な尋問は行なわなかった。しかし、強引に罪を認めさせようとする愚劣な係官のやり口に憤然とした矢野は、

「君では話にならんから替れ」

と尋問を拒否する。そして何人目かの係官となった佐野茂樹検事の時に、

「君は話がわかるようじゃな」

と初めてニッコリし、それから翌12年12月25日に巣鴨東京拘置所へ移されるまで、日本の国体と皇室について堂々の供述を続けたという。

容疑は不敬罪であったが、巣鴨に移されても検察側はなかなか立件の証拠が得られないばかりか、逆にこれ以上追及すれば、検察側が矢野の論旨を認めざるを得ないという羽目にもなりかねなかった。

千日近くにも及ぶ取り調べでも、矢野は頑として転向を拒否する。検察はここで手法を

変え、矢野の精神鑑定を行なって異常者の烙印を押し、その所業や社会的地位までも抹殺しようと考えた。ところが矢野は、

「自分の精神状態は正常だから、鑑定の必要はない。またその所論の正しい事は、神聖な公開の法廷で論述しよう」

と反論し、これにも応じなかった。

業を煮やした検察当局は、ここで極めて陰惨な手に出る。

矢野祐太郎が同所内で急死したのは、昭和13年8月22日のことであった。

死因についての説明は、当局からは何もなかった。しかし矢野の遺体には、ある種の毒を盛られたことを意味する紫暗色の斑点が、全身に現われていた。

『神霊密書』は、こうした矢野の、文字通り命を賭けた神業の結晶であったと言えよう。

ちなみに同書は、昭和39年7月、『神霊正典』として復活し、矢野シンの手で発行されている。

矢野は「日の出の神」をどうとらえていたか

話を「日の出の神」に戻そう。

矢野祐太郎口述記録をまとめた『神の世界の御話』という書物には、「日の出の神」のことが、やや詳しく説明されている。

前述のように、矢野は大本、肝川、八木（福島久）と、「日の出の神」の鍵を解く重要ポイントを渡り歩いている。加えて、彼の史学経典に関する造詣の深さや霊能力的な資質の高さを思えば、矢野の説には大いに参考になるところがあると見なければなるまい。

以下、矢野説による「日の出の神」論を簡単に述べておこう。

そもそも「日の出の神」とは、一柱の神の名ではなく、神霊界における〝職名〟とも言うべきものである。

近代においても、何度か「日の出の神」は現われ出て、地上界に働きかけている。

その第一は、ユダヤ民族を操縦する目的として出た「日の出の神」である。

全世界の経済、金融を掌握しているユダヤ民族の背後にあって、これを操縦しているのが「日の出の神」であり、この神が「ユダヤ民族を使って外国の立て替え・立て直しの準備をする」のだという。この「日の出の神」の活躍は、現在でも盛んに続いているとされる。

第二番目に現われた「日の出の神」は、国祖「国常立大神」自身である。

黒住教の黒住宗忠以来、天理教の中山みき、金光教の川手文治郎といった各教祖に憑かったのは、第二の「日の出の神」であった。そして明治25年、〝艮の金神〟こと国常立大神が、出口ナオに憑かり、大本が発生するに至るのである。

続いて第三の「日の出の神」は、ナオの三女・福島久に現われた。「義理天上日之出神」である。

矢野の説くところによれば、現代は、善かれ悪しかれ自由自在に振る舞えた時代は終わり、〝限定の御代〟に入っている。そして神則の規定通りにすべてが裁かれ、清算された後、統一の御代が訪れることになるという。

その限定の時代において、いわば〝裁きの神の役〟を果たすのが、「義理天上日之出神」である。

さらに矢野は、昭和5年初夏、第四番目の「日の出の神」が「日之出生魂大神《いくたまおおかみ》」であることに気づく。この「日之出生魂大神」について、彼はこう述べている。

「自在の時代は終わり、限定の代になった場合、働くべき御神霊は過去久遠の昔から既に神定がされてあり、この『日之出生魂大神』は、例えて申すならば丁度日露戦争に於ける総司令官大元帥の位置にあられます。それ故、各軍の司令官や師団長にあたる御神霊は、この『日之出神』の御命令によって働くことは勿論で、建替が始まるにはこの『日之出神』が先ず御出ましになって、その上で真にお使いになる神々が引き寄せられる順序で御座います。これが後に、三次元の人間に及び、因縁の身魂を持った人が引き寄せられることになるのです」（『神の世界の御話』85～86頁）

つまり、この度の立て替え・立て直しの大神業の、総指揮を取る神というのが、この「日之出生魂大神」という第四の「日の出の神」だというのである。

そして「日の出の神」についての結論として、彼はこう語っている。

「要するに、『日之出大神』と申し上げる神は、常に画期的の時代に限り出られるのであり、換言すれば、大転換を行なわれる神を『日之出大神』と申し上げて来たのでございます。ですから神様の方で何々の神が『日之出神』と現われたと云われた時は、変化が大きい時なのであります。『日之出神』と云うことは、単純な職名とも少し違いますが、簡単に申すと『明けの鳥の日之出神』、つまり暗闇の自在の時代の夜が明けて明るくなるという大事件を担当なされる神が出られたら、その神を『日之出神』と申し上げるのであります」（同右99頁）

世の大転換の節目の時に現われ出で、世界の大改造を行なう神――というのが、「日の出の神」の真相のようだ。

矢野祐太郎は、この「第四番目の日之出神」まで明らかにしたところで、この世を去ってしまった。

現在、「日の出の神」は、どのような形で現われているのだろうか。これについては次章でまた触れることにする。

「日の出の神」は今でも地上世界へ働きかけている

紙幅が少ない関係で、十分な説明ができず、わかりづらいところもあったかもしれない。

しかし、「日の出の神」が非常に重要な役まわりを持つ神であり、様々な人々から大きな関心と期待を持って受け止められていることが、おわかり頂けたと思う。

「みろくの世」がこの世に顕現する上で、世界の大改造を統率されるのが「日の出の神」であり、その時に中心的な役割を担うのが日本であることを、様々な宗教家や霊的指導者が説いている。

そのことを裏付けるように、日本は、国魂の性来を象徴する国旗に、実にあざやかな「日の丸」を使用している。この「日の丸」は「旭日《きょくじつ》」であり、すなわち「日の出」である。

大本において、四魂の神の一柱である「日の出の神」の御魂の出現は、常に重大な関心事であり、それは今日も続いている。

昭和3年2月1日、綾部の統務閣において、大本三代の出口直日と高見元男の婚姻の儀が、王仁三郎列席のもと、しめやかに執り行われた。

この日を期して、高見元男の名は、王仁三郎の命名により、「出口日出麿《ひでまる》」と改まる。

王仁三郎の後継者、出口日出麿（前列中央）。後列左にはのちに『日月神示』が降ろされた岡本天明の姿がある

日出麿とは勿論、「日の出の神」から取ったものである。ここに「日の出の神」の謎は解け、救世主的なこの神の御魂を持つとされた日出麿は、信者の間で絶対的な地位を確立する。

しかし、明治32年旧9月16日の筆先によれば、

「出口の神と出口の日の出の神とが三千世界の元になるのざぞよ、出口のおすみと上田とが替わりを致すのざぞよ」

とも示されており、また王仁三郎自身も『道の栞《しおり》』の中で、

「日の出の神は変性女子に引きそいて高天原えあらわれ給へども誰れ知る者なし、生魂のいかなるものかを誰れ知らず憐れなり」

だとか、

「そのまゝの肉体にて使はれるものと肉体をかへて使はれる生魂とあり、肉体代わるとも生魂の働きあるものはその者の肉体生きたると同じきなり」

などと発言している。

これについて、泉田瑞顕氏は、『出口王仁三郎の大警告』の中で、

「五十年の雛型経綸における日の出の神の型役者は、出口清吉であるが、その活動は肉体的活動ではなくて生魂（精霊）としての活動であった。（中略）要するに日の出の神とは肉体神ではなく、千変万化して活動する精霊神のことである」

と述べている。

そのいずれの説が正しいか、現時点では読者の判断に委ねたいが、これだけは言える。

つまり、「日の出の神」が世の立て替え・立て直しに主要な役割を為す神であるならば、現在でも「日の出の神」は、活気凛々として地上界に働きかけているはずだ、ということである。

何故なら、ナオの筆先に示された、あるいは王仁三郎によって予言された世の立て替え・立て直しというものは、これから起こるものだからである。

王仁三郎は、昭和20年8月、広島に原爆が投下された直後、泉田氏にこう語ったという。

「火の雨が降るというのは、この程度（広島原爆）のことではない。今は序の口で、本舞台はこれからじゃ」

さらに王仁三郎は、息を引き取る数日前、

「わしの役はこれで終わりじゃ」

とも言っている。

王仁三郎は、五十年に及んだ雛型経綸を遂行する役目を終えて昇天した。

そして今や、大本で演じられた善悪の雛型が日本に拡大し、移写する段階に来ている。

王仁三郎の放った預言は、これから成就するのである。

次章からはいよいよ、現在そうした神の経綸がどう展開しているか、そしてこれからどう実現していくかについて、詳しく述べてみたい。

第四章

王仁三郎の予言はこれから成就する！

三千世界の「世の大峠」はこれから来る

明治25年、丹波の綾部という小さな村に興った大本は、出口王仁三郎の登場により飛躍的な発展を遂げる。

しかし、昭和10年の弾圧事件を契機にその勢力は衰え始め、王仁三郎昇天後、世界の五大陸に及んだかつての威光は、すっかりと失われてしまう。

現在、大本や王仁三郎に関する書物は、様々なものが出回っている。そのほとんどすべてが、大本を単なる民衆宗教や創唱宗教ととらえ、王仁三郎を日本の生んだ宗教・思想家ととらえたものである。

学者の場合は、近代史上類を見ない弾圧を受けた宗教団体として好奇の目を注ぎ、その弾圧事件に至った背景を日本の大正・昭和史の中でどう理解すべきか——といった観点で分析を行なうケースが最も多いように思われる。

それもまた、必要なことかもしれない。

だが、大本を、民衆から興った一つの民族主義的な宗教運動というワクの中で考えたり、王仁三郎を宗教指導者だとか、グローバルな感覚を持った思想家といった範疇で扱おうとしても、真実は何も見えてこない。

真実を知るためには、「神」の世界にまで理解の範囲を拡げる必要がある。つまり神霊的なアプローチが不可欠ということである。

また、大本なら大本だけをいくらつついてみたところで、本当のところはわかりにくい。

大本は何故この地上界に発生させられたのか、王仁三郎という人はどういう使命を持って肉体を持たされたのか、といった観点から、一つのものに囚われずに広くその霊的な動きを冷静にとらえることで、〝神の経綸〟というものがおぼろげながら見えてくるのである。

(実はこの姿勢を持つことこそ、真実を知る上で最も重要かつ基本的な点なのだが、こうした姿勢で取り組んでいる研究者は、残念ながら極めて稀である。)

大本に見られるような、それまで抑圧されていた神々——それはいわば日本の国祖神とも言うべきものであるが——の復権の兆候は、すでに江戸末期より起こり始めている。黒住教、天理教、金光教といった各霊的磁場の発生がそれである。

そしてこの動きは、明治25年旧正月に、出口ナオの肉体を機関として降ろされた〝初発の神勅〟につながってくる。

ナオに憑かった〝艮の金神〟は、その神勅の中でこう断言する。

「三千世界の大洗濯、大掃除を致して、天下泰平に世を治めて万古末代続く神国の世に致すぞよ。神の申したことは、一分一厘違わんぞよ。毛筋の横巾ほども間違いはないぞよ。これが違うたら、神はこの世に居らんぞよ」

しかし、ナオの存命中に、そのような大変革は起こらなかった。王仁三郎の存命中にも、とうとう起こらなかった。

では、この〝艮の金神〟なる神の言葉は、まったくの戯言《たわごと》だったのだろうか。王仁三郎の放った数々の予言は、完全な妄想の産物だったのだろうか。

その答えは、今さら言うべくもないが――そうではない。

その言葉や予言が実現するのは、これからである。

日本は戦後、たしかに経済的には豊かになり、市場に物資はあふれ、国民は飢えることもなく平和に暮らしている。

だが、今の世の中が、金・物主体、我れ善し、強い者勝ち主義の上に成り立ち、神を無きものにしている「体主霊従」の世であることには変わりはない。日本だけではなく、世界中が同じ状況にある。とすれば、その世を立て替え、立て直し、「霊主体従」の神の世にするという予言は、これから成就すると見た方がよい。

本稿においては、三千世界の大改造を行なう神の経綸が、どのように現在に至って展開しているのかを述べ、来たるべき大変動の様相と〝みろくの世〟実現までの経緯を、具体的に追ってみることにする。

『伊都能売神諭』――開祖の筆先を継承

王仁三郎は、文筆家として見た場合でも大変な多作家で、膨大な量の論稿や歌などを遺している。

それらの中に、開祖・出口ナオが〝シャーマン〟としての役割を担い、〝艮の金神〟の言葉をつづった筆先（『大本神諭』）を、王仁三郎が継承したとされるものがある。

本書でもすでにたびたび引用している『神諭』がそれである。

『神諭』は、正式には『伊都能売神諭《いづのめしんゆ》』と呼ばれ、開祖昇天直後の大正7年12月2日から、翌8年8月12日までの間、王仁三郎に降ろされ、『神霊界』誌上でも発表された。

大正10年の第一次弾圧前、「世界の大峠が来るまでに、この大本の中に大峠があるぞよ」などと示されたのが、この『伊都能売神諭』である。

しかし、当時は開祖の筆先である『大本神諭』の方がまだ絶対視されていたために、王仁三郎に降りたとされるこの筆先の内容は、それほど真剣には受け止められなかった。

『伊都能売神諭』の冒頭は、次の言葉で始まっている。

「艮の金神国常立尊が、明治二十五年から永らく出口直の体内を借りて、若姫君の命と引添うて変性男子（出口ナオ）となりて、三千世界の世の立替の経綸を、筆先に書かして知らしたなれど、後の立直しの筆先は未だかゝしてないから、変性女子（王仁三郎）の体内を借りて是から時節に応じて書すぞよ。（中略）この筆先は国常立尊が変性女子の体内を借りて知らすのであるから、男子にかゝした筆先とはチットは筆の使い方が違うなれど、神の経綸は毛筋も間違いは致さんから、その覚悟で筆先を読みて、腹帯を緩まんように致して下されよ」

右にある通り、ここで〝艮の金神〟は、出口ナオから王仁三郎に乗り換えて、筆先の続きを降ろすことになったと宣言している。

内容的には、『瑞能神歌』に見られるような、過激な予言の羅列よりも、むしろ国祖・国常立尊の筆先の続きが王仁三郎に降りていることを強調し、開祖亡き後の大本内部の動揺を抑えると同時に、教団の主導権を王仁三郎に一本化しようと苦慮しているようにも思われる。

前述のように、この頃は、浅野和三郎や友清天行、谷口正治といった、有力信者の勢いが激しく、とくに浅野などは「大本の浅野か浅野の大本か」と噂されたほどで、その影響力は一時王仁三郎さえも上回っていたと言われる。

また、役員信者による王仁三郎排斥の動きも油断がならず（彼の命さえ奪おうと企てる者もあったという）、福島久率いる八木派による攪乱や、肝川の車小房の台頭もあった時期でもある。そのためか、

「いつも出口直の手で、変性女子は大化物であるから、取違いを致すなと申して知らして

あれど、余り慢心の強い、訳のわからぬ身魂であるから、力一杯変性女子の御用の邪魔を致しておいて、大変な結構な御用を致して来たように思うて、今に大きな取違いばかり致しておるぞよ」（大正8年2月18日）

「変性男子と女子との筆先より他の筆先は信じてはならぬぞよ。大本の中にも参考の為ぢゃと申して、隠れ忍んで写したり読んだり致して居るものが在れど、そんな事に骨を折るより、一枚なりと表と裏の筆先を腹へ入れるが結構であるぞよ」（大正8年3月11日）

「肝川の龍神へも勝手に参拝致すと、後になりてから易《かわ》りた事が身魂に出来てくるから、一寸気を附ておくぞよ。疑うなら聞かずに行て見よ、其時は何事もないが後で判る事が出来るぞよ。一度神が申した事は毛筋も違わんぞよ」（大正8年6月3日）

など、内部の者に対する警告の個所が多いのも、この神諭の特徴である。

さらに、「日の出の神」に関する記述も、この神諭の中に多く見られる。

「是から三千年の経綸、竜宮館の玉手箱を明けのカラスと致して、日の出の守護にかかるから、日本の守護神の内にも大分慮見の違う御方が出来るぞよ」（大正7年12月22日）

「日の出の守護となると、罪悪の深い国々、所々、家々、人々に火の雨が降ると申して、昔から愛の土山雨が降ると申して謳を作りて、神から気がつけて有りたなれど……」（大正8年1月2日）

「〇〇〇〇〇〇（伏字）は日の出の守の守護ではあれど、今のところは少しく慢心が出来て居るから、守護を代えて天照彦命《あまてるひこのみこと》の御魂に日の出の神の御用を致さすぞよ。大正八年の旧二月十日から、日の出の神は肉体を代えて守護が致さしてあるぞよ」（大正8年3月11日）

〝天照彦〟というのは王仁三郎の御魂のことで、右は「日の出の神」の役が王仁三郎に移ったことを明らかにしたものだ。伏せ字になっている部分は、おそらく「ふくしまひさこ」のことであろう。

『伊都能売神諭』は、開祖昇天から大正10年の弾圧までの間に王仁三郎を通じて降ろされた。そして、第一次弾圧事件後の大正10年10月からは、『霊界物語』の口述に入っている。『霊界物語』は『大本神諭』と並ぶ大本の代表的な教典として、現在でも重要視されている。

その間にはさまる形で出された『伊都能売神諭』は、少し影が薄くなりがちだが、「日の出の神」の流れを知る上でも、極めて重要な資料と言えよう。

王仁三郎によって示された終末予言

『伊都能売神諭』がナオの『大本神諭』とともに『神霊界』誌上で発表されていたこの時期、王仁三郎は、別な形で、次のような不気味な予言も発表している。

たとえば、『神霊界』大正8年7月15日号に掲載された「随筆」の一節。

「ノアの洪水はけっして太古の事柄ばかりではない、今眼の前にノアの立替《たてかえ》が出て来て居るのである。次にナオの立直《たてなおし》が始まる。それまでにはキリストの旧約（聖書）にある様な事変が突発するのである」

「神界から堪忍袋の緒を切らして、いよいよ最後の日が来るにしても、神様は更に公然と世間の人民に予告はなさらぬ。何故なれば至仁至愛の神は二十七年に渡って、既に已に守護神と人民に、昼夜を別たず御示諭の手続を了せられ、変性男子（ナオ）の御宿は最早《もはや》上天遊ばして、天から御用をなされて居られるからである」

「神の選良となった人民には、最終の日の来る事は数日前に知らされるなれど、普通人の眼から見れば、日は平日の如く輝やき、月は万里の波を照らし、天気清（晴）朗にして、蒼空一点の雲影を止めず、士農工商は平素の如くに働き、或は永久に天下泰平、国土安全、子孫繁栄の夢に酔ひ、十年計画百年の大計など企画する際、一天忽ち妖雲を起し、雷電、地震、海嘯《つなみ》至るところに湧起し、親子兄弟の間も、救助すること能《あた》はずして、悲惨の終末を遂げ、山川草木皆動《ど》よみ、常夜の暗となりし時、木花咲耶姫の神霊現はれまして、六合《りくごう》始めて清明となり、目出度《めでたく》天の岩戸を開かれ、至仁至愛の五六七《みろく》の神政が樹立さるゝのである」

王仁三郎のこうした終末予言は、この頃燎原の火を思わせるような宣布活動を展開していた「大正10年立て替え論者」に油を注ぐ結果となった。

すでに述べているように、雛型経綸上、彼らは、立て替えの「型」を打ち出すために、そういう〝役〟を演じさせられたと見るべきである。

かくして大正10年に起こったのは、世界の立て替えではなく、雛型としての大本の立て替えであった。

したがって、右のような予言が実際にわれわれの前に顕現するのは、むしろこれからであり、経綸の最終段階と見るべきである。

王仁三郎の『伊都能売神諭』は、こう警告している。

「天災地変は何時の世にもあるものじゃ、政治、宗教、思想の変遷は、自然の大勢じゃと申して油断を致して居ると、世の終りの近づきた事がさっぱり判らぬようになりて了うて、後で後悔いたさなならぬぞよ」（大正8年6月3日）

大本は、王仁三郎の指揮のもと、世の立て替えの雛型を地上現界で演じ、これを完遂した。

その直後、今度は大本とはまったく別のところで、「立て直し神諭」とも呼ばれる神示が降ろされることとなる。

『日月神示』の発生がそれである。

大本から『日月神示』へ

王仁三郎によれば、大本における「地の準備神業」の期間というのは、明治25年旧正月から昭和18年元旦までの、満50年間である。

その準備神業の期間が終わったとされる翌年の、昭和19年6月10日、大本とは関わりのないところで、不思議なことが起きる。

神道研究家の岡本天明《てんめい》は、神霊に招かれるかのように、この日、千葉県成田市台方《だいかた》にある麻賀多《まかた》神社の境内末社、天之日津久《あめのひつく》神社に参詣していた。

本来画家である彼は、この頃矢立《やたて》と画仙紙を持ち歩く習慣があり、この日も例外ではなかったという。

参拝を済ませ、社務所で休んでいると、突然、彼の右腕の血管が怒張し、見えざる力に支配されて制御がきかなくなった。たまらず、持っていた矢立を画仙紙にあてたところ、勝手に自分の右手が動き、スラスラと文字を書き始めた。これが、『日月神示』の発祥である。

以後、およそ16年間にわたり、この神示は断続的に書記されていく。出口ナオの『大本神諭』、『日月神示』は、内容をつぶさに比較検討すれば明らかだが、出口王仁三郎の『伊都能売神諭』の流れをくむものである。

本来、この神示は、大本内部で出されるはずであったと言われる。しかし、戦前における厳しい言論の統制下にあり、しかもいずれ徹底的な弾圧を受ける大本では、本質的な部分を伝えることが難しかったので、大本とは別のところで降ろされたのである。

したがって『日月神示』は、黒住教の発生から、天理、金光、大本へと至る霊脈の流れを完全に受け継いでいる。しかも、「三千世界の立て替え・立て直し」という根本大改造を主宰する神の意志の、本質的部分が含まれているのがこの神示なのである。

大本内部に降ろされた、『大本神諭』及び『伊都能売神諭』の二つの神諭は、どちらも弾圧事件前に出されたものであることはすでに述べた。つまり、これらの神諭には、大本の立て替え、日本の立て替え、世界の立て替えの三段階が、入り混じって示されているのである。

とくに、当時は「地の準備神業」の演出上、大本の立て替えに関する部分が強く意図されたと見た方が良い。

『日月神示』が降ろされたのは、準備神業が完了した後のことである。このため、立て替え（破壊）よりも立て直し（創造）に関する部分の伝達が主体となっている。

岡本天明と『日月神示』発祥の地、千葉県成田市にある麻賀多神社

つまり、世の大峠が来た時に、あるいはそれを目前にして、われわれは何を為すべきか、どうすれば世が立ち直るかということが、より具体的に示されているのである。

しかし、この神示が降り始めた当

初の天明は、事の重大性に気づいていない。

原文は、漢数字、かな、記号が入り混じり、とても読めたシロモノではなかった。また天明自身、もともと霊媒的な体質を持ち、過去にも様々な霊的な研鑽を積んできており、霊が憑かるということもそれまでに何度もあった。この頃、苦労に苦労を重ね、貧のどん底にまで落ちた天明は、日月神示が出た時も、「自分のごとき者に憑かる霊だから、どうせ大したものではあるまい」と、放っておいたという。

『日月神示』は、「日の出の神」の流れを受け継ぐ！

「富士は晴れたり、日本晴れ、神の国のまことの神の力をあらわす代となれる。仏もキリストも何もかもはっきり助けて、しち難しい御苦労のない代が来るから、身魂を不断に磨いて一筋の誠を通してくれよ。いま一苦労あるが、この苦労は身魂をみがいておらぬと越せぬ、この世始まって二度とない苦労である。このむすびは神の力でないと何も出来ん、人間の算盤《そろばん》でははじけんことぞ。日本はお土が上がる、外国はお土が下がる。都の大洗濯、鄙《ひな》（田舎）の大洗濯、人のお洗濯。今度はどうもこらえてくれというところまで、後へ引かぬから、そのつもりでかかって来い、神の神の力を、はっきりと見せてやる時が来た」

（昭和19年6月10日）


天明が、麻賀多神社の社務所で書記した、最初の文である。

一見して、ナオの『大本神諭』や『伊都能売神諭』とよく似ていることが察せられよう。今、大本とはまったく関係のないところでこの神示は降ろされたと述べたが、実は、まったく関係がないわけでもなかった。否、関係がないどころか、大いにあったのである。

岡本天明は、明治30年（1897）12月4日、岡山県倉敷市に生まれた。若い頃から画家としての天分に目覚め、上京して苦学しながら、画業の研鑽に励んでいる。

大正8年頃、天明は知り合いの子供によって、大本の本部に連れて行かれる。そこで色彩に関する講義を聞いて感銘を受け、大本に入信することとなった。そして翌9年、23歳の時に『大正日日新聞』に入社し、美術記者として働いている。

また天明はこの頃、同郷で同年・同月生まれの高見元男と知り合い、深い親交を持つようになる。後に三代教主・直日と結婚する、出口日出麿である。

大正10年の第一次大本事件により、天明も職を失うが、日出麿の誘いにより、今度は創刊したばかりの『人類愛善新聞』の編集長に就任する。

しかし、昭和10年に起こった第二次弾圧により、『人類愛善新聞』も手入れを受け、天明も再び失業し、路頭に迷うことになった。

これを機に、天明は大本とも無関係になったというわけである。それまでは、大本とも深く関わっており、王仁三郎から直接、論稿の代筆を依頼されることもあった。

その後、大本とも縁がなくなった天明は、東京の代々木八幡に住んでいたが、ある日、代々木八幡神社の宮司の紹介で、千駄ヶ谷にある鳩森《はともり》八幡神社の代理神主を務めることになった。

詳しくは、拙著『日月神示・完全ガイド&ナビゲーション』(徳間書店)を御参照願いたいが、天明が成田の天之日津久神社に参拝に行ったのは、この頃のことである。

6月10日、初めて右に紹介した文を書記して以来、鳩森八幡神社でも毎日のように神示は降りる。しかし天明には、自分の右手が勝手に動いて書きつづるものが何を意味しているのか、よくわからない。

発祥から2ヵ月ばかり後になってのこと、本書でもすでに紹介している、矢野祐太郎の妻であったシンが、天明のもとを訪れる。天明と矢野夫妻とは、大本時代から交流があった。

「8月10日か、12、3日頃だったか――」

と、後にシンはこの時のことを述懐している。

嶋森八幡にやって来たシンは、この神示の原文を一目見るなりスラスラと読み解いた。おそらく一種の〝神憑かり〟になって読んだのであろう。

「いやァ、不思議ですね、矢野さん。あんたがこれを読めるなんて」

目を丸くした天明が、シンに問いかけた。

「何でか知らんけど、でも読めたわね」

他人事のように、シンは言う。

「私は毎日家内と、清書するだけでも夜中の2時、3時までかかってるのに、まったく初めてだ、これを読んだ人は。どうしてあんた、これが読めるんですか」

こう天明から聞かれた時、シンの腹の底から声が上がった。

「これは、〝日の出の神〟の延長である」

自分の口から発せられた言葉に、シンは自分で驚いた。経綸上極めて重要視されていた「日の出の神」が、ここに現われたのである。

シンは、天明に対し、〝日の出の神の延長がここに出たんだから、雇われ神主なんかやってる場合じゃない、すぐ辞めて下さい〟と頼み込む。この神を正式に祀って神業に専念して欲しいというのである。

それではたちまち生活に困ってしまうと言う天明に、シンは、祐太郎の研究会に出ていた知り合いに何人かあたって援助を募るから辞めてくれ、と申し出ている。この熱意は尋常ではない。

かくして天明は、シンの協力と努力により、同年9月末を以て鳩森八幡の代理神主を辞し、独自にこの神を奉祭して、神示の研究に打ち込むようになったのである。

そして数ヵ月後、天明は大本本部に赴き、この神示を調べて欲しいと差し出している。しかし、悲しいかな、門前払い同様の扱いを受けてしまう。再度訪ねてみても、まったく相手にされず、その時は男泣きに泣いていたという。

取次の者が、大本の外部に降りた神示などというものに、理解を示すわけがない。王仁三郎がもしこれを見たとしたら、また違っていたであろうが――。

『日月神示』とは、図らずもシンが審神《さにわ》したように、「日の出の神」の現われとしてとらえるべき重大な神示である。

実に、今後に現出する未来の展開は、「立て直し神諭」であるこの『日月神示』に、明確に記されている。

その内容について述べる前に、王仁三郎の遺した詠歌を、ここに明らかにしたい。

今まで秘められていたこの詠歌に記された予言は、『日月神示』に示された内容と驚くほど酷似しているのである。

王仁三郎の遺した『続・瑞能神歌』

王仁三郎は、昇天前、『続・瑞能神歌』という題の予言を口述し、筆録させていた。

泉田瑞顕氏は、筆録したこの神歌を大事に保管し、今までほとんど公開することもなかったが、この度、泉田氏の創立した「皇道赤心会」の参議であり、「聖団火燃輝《ひむか》」代表の久保脩氏の紹介により、本書において発表することにした。

王仁三郎が、この神歌をいつ口述したのかは、泉田氏も昇天されてしまった今、確認できない。ともかく、過激な予言内容により発禁処分を受けた『瑞能神歌』に続編があることさえ、あまり知られておらず、それだけでも価値があると思われる。

『瑞能神歌』に詠われた内容は、ほとんどが大東亜戦争による日本の敗戦――すなわち、日本の一度目の立て替えを予言したものであった。

『続・瑞能神歌』に詠われている内容は、これから起こる日本の二度目の立て替えと、世界の立て替えを予言したものと見て間違いない。

以下、少し長くなるが、ほぼ全文を掲載させて頂くことにする。（公開が許されていない個所については、伏せ字とするか、削除させて頂いた。）

シベリヤ狐は死にたれど　醜《しこ》の曲霊は種々に
妖雲呼んで東天は　北から攻め入る非道さよ
オホーツク海や千島船　カラフト島をゆさぶりて
雪割草の間より　暗雲低く仇鳥《あだどり》の
舞い下り上る怖ろしさ
北海道から三陸へ　なだれの如く押しよする
ここを先どと連合の　戦の場や神の国
華のお江戸は原爆や　水爆の音草もなき

一茫千里大利根の　月の光もあわれぞかし
残るは三千五百万　○○○○○の旗の下
どっと攻め入る○○○の　○○○○沿いや人のなく
非義非道の場所せまく　○○○○○○○○○
あわれ崩るや○○○　血汐に赤き統一も
一年余半の殺戮も　ここに終りて神の子は
再び原始にかへるぞかし
大江の幽山に立籠めし　醜の邪霊の重なりて
今は九尾の本姿　世界隅々またがりて
組んずほぐれつのたうつる　姿は哀れ曲《まが》津《つ》神《かみ》
○○○○○○○○○　その行くさまの凄まじき
物質界の曲津神　狂人の如く振舞いて
世は様々の相克ぞ
世の大本も散り失せて　月の輪台の影あわれ
お蔭信心なしいたる　信徒も今ははなれ去り

真実の三千五百人　残る教の幕開きは
此の時からと高熊の　山の五十鈴や清水台
国常立の大神の　岩都開きはこのときぞ
固き厳に手をかけて　振うて落す地獄道
ノアとナオとの火水霊　現れ出でてゆさぶれば
一天にわかに掻き曇り　矢を射る如く流星の
地球に向いて落ち来たる　大地一度に震動し
吼へば地軸の回転も　止るばかりの大音響
物質浄土は忽ちに　地獄餓鬼道修羅と化す
山は崩れて原野裂け　人はあわれに呑み込まる
身の毛のよだつ凄まじさ　今明かに書き置くぞ
三段いよいよ開く時　三千余年の昔より
国の御祖の選まれし
——中略——
神代乍《なが》らの祭政一致　開き始めて日の本の

——中略——

ここに従ふ三五《あななを》の　人の心ぞ尊とけれ
宇宙を拝し宣りませば　世界は輝きおのころの
東天に向い伏し拝む　地上天国この秋ぞ

以上が、王仁三郎作成の『続・瑞能神歌』である。

一読しておわかりの通り、これは明らかに日本の大峠と世界の大峠を予言したものであり、多少抽象的でわかりにくいところもあるが、全体としてはかなり具体的に示されてある。

日本の立て替えについては、シベリア方面から外国の軍隊が、突然に攻め入って来ることが記されている。この外国軍は、「北」からやって来る。そして北海道、三陸を通り、なだれの如く押し寄せて、日本列島を占領する。

さらに、首都・東京には核攻撃もあることがハッキリと示されている。

このような大動乱により、日本の人口は3500万人になるという。そして非道な殺戮が一年半余り続き、残された因縁の身魂は再び原始の生活に還るとある。

続いて世界の立て替えが始まるが、この神歌によれば、空から流星が降って来て、地球に激突することになるという。

これをきっかけに、地軸を揺るがす大激変が起こり、地球全土は修羅場と化す。そしてありとあらゆるものの大清掃が行われた後、岩戸は開かれ、祭政一致の世となり、地上天国が顕現する、というのである。

王仁三郎の遺した『続・瑞能神歌』に示された予言は、このように厳しく、悲惨なものとなっている。

だが、『日月神示』に示された未来予言も、まさにこの『続・瑞能神歌』と共通する部分が多い。そしてその内容は、『日月神示』の方がより詳しく、明確である。次に、それらの予言の一部を見てみることにしたい。

同じこと二度ある仕組み

すでに何度も述べているように、大本では、立て替えは二度あった。大正10年の第一次大本事件と、昭和10年の第二次大本事件の二回である。

これが雛型として日本に移写して来るとすれば、日本の立て替えも二度あることになる。一度目は、大東亜戦争における敗戦という形で実現した。そして、二度目の立て替えは、これから起こる。

日月神示には、日本の立て替えが二度あることが、戦争終結以前の昭和19年の頃より、明確に示されていた。

それによれば、日本は戦争に負けても、再び勢力を盛り返す。しかしこれは悪が再び栄えた形での復興であり、結局また同じことを繰り返すことになる。そして大本の雛型もそうであったように、破壊の程度は一度目より二度目の方がはるかに深刻なものになるという。

「同じこと二度繰り返す仕組みざぞ、このことよく肚に入れておいて下されよ、同じこと二度」（昭和22年8月2日）

「出てきてからまた同じようなこと繰り返すぞ、今度は魂抜けているからグニャグニャぞ。グニャグニャ細工しか出来んぞ、それに迷うでないぞ」（昭和22年8月14日）

「いま一度、悪栄えることあるぞ、心して取り違いないように致されよ」（昭和21年1月4日）

「神の国、一度負けたようになって、終いには勝ち、また負けたようになって勝つのざぞ」（昭和20年6月23日）

「まだまだ俘虜《とりこ》になる者沢山あるなれど、今度の俘虜まだまだぞ。いずれ元に返って来るから、元に返ってまた盛り返して来るなれど、またまた繰り返すぞ、次にまた捕らえられる者出てくるのざぞ、次はひどいのざぞ、これも因縁ざぞ」（昭和20年12月18日）

「今度捕らえられる人民沢山にあるが、今度こそはひどいのざぞ。牢屋で自殺する者も出来てくるぞ。女、子供の辛いことになるぞ。九分通りは一度出てくるぞ、それまでに一度盛り返すぞ」（昭和21年旧1月15日）

「今の世は地獄の二段目ぞ、まだ一段下あるぞ、一度はそこまで下がるのぞ、今ひと苦労あると、くどう申してあることは、そこまで落ちることぞ。地獄の三段目まで落ちたら、もう人の住めん所ざから、悪魔と神ばかりの世になるのぞ」（昭和19年8月18日）

『続・瑞能神歌』の中で、王仁三郎も、大峠の段階として〝三段の幕〟が用意されていることを予言している。

日本は、戦後の荒廃から立ち直り、見事に経済復興を成し遂げ、再び国力を盛り返した。しかしその一方で、日本人は、かつて美徳とされた多くのものを失った。精神的には、日本の歴史上、ここまで堕落した時代はないと言える。

金・物主体の我れ善し主義は、老若男女の区別なく、子供に至るまで浸透し、国家の長たる政治家たちはその親玉のような存在である。

今や日本の人民は、神示にある通り完全に〝骨抜き〟にされてしまった。現在の日本人は、国土を守ろう、国家を守ろう、家族や同胞を守ろうという意識さえない。神の道とは何か、真の日本精神とは何かなどということは、寸毫《すんごう》だに考えない。

今、外国軍から強大な武力をもって、突然に攻め込まれた場合、どうなるか。日本の自衛隊は優秀だが、為政者に売国奴が多い中にあっては、日本が勝てる保証はない。土地や財産はすべて略奪され、国民の多くが捕らえられ、虐殺されるかもしれない。それが、夢物語ではなく、まもなく現実となって起こることが、神示によって警告されているのだ。

世界が一つになって日本に攻めて来る

『日月神示』には、日本の二度目の立て替えは、世界が一つになって日本潰しにかかることによって起こること、そしてその企みは、国民の知らぬ間に水面下で進み、アッという間に現出することがハッキリと示されている。

「大きアジアの国々や、島々八十《やそ》の人々と、手握り合い神国の、光輝く時来しと、皆喜びて三千年、神の御業《みわざ》の時来しと、思える時ぞ神国の、まこと危き時なるぞ。夜半に嵐のどっと吹く、どうすることもなくなくに、手足縛られ縄付けて、神の御子《みこ》らを連れ去られ、後には老人不具者のみ、女、子供もひと時は、神の御子たる人々は、ことごと暗い臭い屋に、暮らさなならん時来るぞ、宮は潰され御文《みふみ》皆、火にかけられて灰となる、この世の終

わり近づきぬ。この神示《ふで》心に入れくれと、申してあることわかる時、いよいよ間近になりたぞよ」（昭和19年11月30日）

「またたきの間に天地引っ繰り返るような大騒動が出来るから、くどう気つけているのざ、さあという時になりてからでは間に合わんぞ、用意なされよ」（昭和19年8月2日）

「一日の日の間にも天地ひっくり返ると申してあろがな、ビックリ箱が近づいたぞ」（昭和19年8月31日）

「世界一度にキの国（日本）にかかりて来るから、一時は潰れたように、もうかなわんと言うところまでになるから、神はこの世におらんと臣民申すところまで、むごいことになるから、外国が勝ちたように見える時が来たら、神の代近づいたのぞ」（昭和19年7月20日）

「メリカ（アメリカ）もキリス（イギリス）は更なり、ドイツもイタリもオロシヤ（ロシ

ア）も、外国はみな一つになりて神の国に攻め寄せて来るから、その覚悟で用意しておけよ」（昭和19年8月12日）

「世界中総がかりで攻めて来るのざから、一度はあるにあられんことになるのぞ。大将だからとて油断出来ん。富士の山動くまではどんなことも耐えねばならんぞ。上辛《つら》いぞ。どんなことあっても死に急ぐでないぞ」（昭和19年11月26日）

「神の国八つ裂きと申してあることいよいよ近づいたぞ、八つの国、一つになりて神の国に攻めて来るぞ」（昭和19年9月17日）

世界が一体になって日本に攻めて来ることは、このように『日月神示』の中にくどいほど出されてあるが、そうなった時、最初に火蓋を切るのは「北」であるようだ。

『続・瑞能神歌』で王仁三郎は、「北から攻め入る非道さよ」と予言した。

実は『日月神示』にも、まるで同じことが示されているのだ。

「北」からの武力侵入と同時に、各国の連合軍がなだれ込み、日本を〝八つ裂き〟にするのだという。次の神示を見て頂きたい。

「北から来るぞ。神は気《け》もない時から知らしておくから、よくこの神示、心にしめておれよ」（昭和19年6月30日）

「北に気つけと、北がいよいよのギリギリざと申してくどう気つけてありたこと近うなりたぞ」（昭和19年12月6日）

「嵐の中の捨て小舟ぞ、どこへ行くやら行かすやら、船頭さんにもわかるまい、メリカ、キリスは花道で、味方と思うた国々も、一つになりて攻めて来る、梶も櫂さえ折れた舟、どうすることもなくなくに、苦しい時の神頼み、それでは神も手が出せぬ、腐りたものは腐らして、肥やしになりと思えども、肥やしにさえもならぬもの、沢山出来ておろうがな、北から攻めて来る時が、この世の終わり始めなり、天にお日様一つでないぞ、二つ三つ四つ出て来たら、この世の終わりと思えかし、この世の終わりは神国の、始めと思え臣民よ、神々様にも知らすぞよ、神はいつでもかかれるぞ、人の用意を急ぐぞよ」（昭和19年8月

24日）

日本の大峠はいつ起きるか

それでは、この「日本の二度目の立て替え」は、具体的にいつ起こるのか。
これについて、『日月神示』には、次のような謎の如き言葉がある。
昭和20年1月14日に降ろされた、「磐戸の巻」第16帖の一節、

「子《ね》の歳真中にして前後十年が正念場」

という部分である。
ところが、第一章でも触れた通り、明治30年旧7月12日のナオの筆先には、

「明治五十年を真中に前後十年が正念場」

という、そっくりな言葉が出されているのだ。

これをもとに、浅野派は、明治五十年を真中に、前五年・後五年と解釈し、明治55年（大正10年）立て替え到来説を唱えた。これに対し、岸博士は、前十年・後十年と解釈し、大正25、6年を立て替えの時期と断定、両者は激論を闘わせたのである。

結果、大正10年に、第一次大本事件が起こることで、この筆先は現実のものとなったのであった。

そしてまた、同様の記述が『日月神示』にもあるということは、どういうことか。

これを理解するには、「三段の型」の法則を思い出す必要がある。地上現界の立て替えは、まず大本で雛型として演出され、それが日本、そして世界という順で拡大移写していく。

つまり、ナオの筆先の内容が、大本の大峠を示していたとすれば、「磐戸の巻」に示された方は、日本か、もしくは世界の大峠の到来時期を表わしているのかもしれないということだ。

これまで、「子の歳」にそのような正念場の立て替えは、起きていない。とすると、これから起こることになる。

令和2年、2020年は、まさに「子の歳」にあたっていた。これを真中に前五年・後五年という解釈を取るとすれば、正念場の期間とは、2015、6年から2025、6年までということになるだろう。

もうすでに、われわれは正念場の大峠の坂を、登りつつあるかもしれないのだ。

さらに、大本の筆先には、「九月八日のこの仕組」だとか「辛酉《かのととり》の年」という言葉が多く出されている。

王仁三郎は、「九月八日という言葉には12通りの密意がある」と説いていたというし、『伊都能売神諭』にも、

「辛の酉の年は、変性女子に取りては後にも先にもないような変りた事が出来てくるから、前に気を付けておくぞよ」（大正7年12月22日）

「辛の酉の紀元節、四四十六の花の春、世の立替え立直し、凡夫の耳も菊の年、九月八日のこの仕組」（大正8年1月27日）

などという記述があり、この「辛酉の年」というのが大正10年であったため、浅野一派の説を裏付ける有力な根拠とされてしまった。

この大正10年の紀元節（2月11日）、王仁三郎に拘引状が発せられ、翌12日、第一次大本事件が起きている。そして大正16年にあたる昭和2年の春、5月15日に、王仁三郎は免訴となるのである。また大審院により第二次大本事件の上告棄却の決定がなされたのは、昭和20年9月8日のことであった。

ところがこれで「辛酉」だとか「九月八日」の仕組みが終わったわけではないようだ。というのは『日月神示』にも、これらの言葉はまだ出されているからである。

「九月に気をつけよ、九月が大切の時ぞ」（昭和19年6月26日）

「八のつく日に気つけてくれよ、だんだん近ついたから、辛酉はよき日、よき年ぞ」（昭和19年8月2日）

「辛酉の日と年は恐い日で、良き日と申してあろがな。九月八日は結構な日ざが、恐い日

ざと申して知らしてありたこと、少しはわかりたか」（昭和19年10月25日）

「心違うているから、臣民の思うことの逆さばかりが出てくるのざぞ、九月八日の仕組、近づいたぞ」（昭和20年3月17日）

他にも同じような表現は数多い。

思うにこれも、大本を雛型として拡大移写して来る、日本や世界の立て替えの時期に関することを述べているのではないか。

その正確な意味については、諸説があって一定していない。しかしいずれにしても、大本からの霊的な流れを正しく把握していなければ、本当のところは見えて来ないと思われる。

世界の大峠と〝みろくの世〟の実現

日本は世界の雛型であるが故に、地上世界の立て替えは、まず日本から起こり、それから世界へと拡大移写していくのが順序である。

王仁三郎は、「日本は世界の床の間であるから、まず床の間から掃除を始めるのである」と語ったという。

世界の立て替えに関する予言についても、『大本神諭』や『伊都能売神諭』よりも、その続編であり、完結編とされる『日月神示』の方がより詳しい。

その『日月神示』から、一部を抜粋してみよう。

「外国から攻めて来て、神の国丸つぶれというところで、元の神の神力出して世を立てるから、臣民の心も同じぞ、江戸も昔のようになるぞ」（昭和19年6月28日）

「元の神代に返すというのは、喩えでないぞ。穴の中に住まななららんこと出来るぞ、生の物食うて暮さなならんし、臣民取り違いばかりしているぞ、何もかもいったんは天地へお引き上げぞ」（昭和19年7月9日）

「立て壊し、立て直し、一度に成るぞ、立て直しの世直し早うなるも知れんぞ、遅れるでないぞ。立て直し急ぐぞ、立て直しとは元の世に、神の世に返すことざぞ、元の世と申しても泥の海ではないのざぞ、中々に大層なことであるのざぞ」（昭和20年3月11日）

「地震、雷、火の雨降らして大洗濯するぞ。よほどシッカリせねば生きて行けんぞ」（昭和19年7月9日）

「月は赤くなるぞ、日は黒くなるぞ、空は血の色となるぞ、流れも血ぢゃ、人民四ツン這いやら、逆立ちやら、ノタウチに、一時はなるのであるぞ、大地震、火の雨降らしての大洗濯であるから、一人逃れようとて、神でも逃れることは出来んぞ、天地まぜまぜとなるのぞ、引っくり返るのぞ」（昭和36年　月日不詳）

「三分の一の人民になると、早うから知らせてありたことの実地が始まっているのであるぞ。何もかも三分の一ぢゃ、大掃除して残った三分の一で、新しき御代の礎と致す仕組ぢゃ、三分難しいことになっているのを、天の神にお願い申して、一人でも多く助けたさの日夜の苦心であるぞ、堪忍の堪忍、我慢の我慢であるぞ」（昭和36年5月5日）

「今の肉体、今の想念、今の宗教、今の科学のままでは岩戸は開けんぞ、今の肉体のままでは、人民生きては行けんぞ。一度は仮死の状態にして魂も肉体も、半分のところは入れ替えて、ミロクの世の人民として甦らす仕組、心得なされよ、神様でさえ、このことわからん御方あるぞ、大地も転位、天も転位するぞ」（昭和36年9月1日）

「半霊半物質の世界に移行するのであるから、半霊半物質の肉体とならねばならん、今のやり方ではどうにもならなくなるぞ、今の世は灰にするより他に方法のない所が沢山あるぞ、灰になる肉体であってはならん、原爆も水爆もビクともしない肉体となれるのであるぞ、今の物質でつくった何物にも影響されない新しき生命が生まれつつあるのぞ。岩戸開きとはこのことであるぞ、少しくらいは人民つらいであろうなれど、勇んでやりて下されよ」（昭和36年9月1日）

「大掃除はげしくなると世界の人民皆、仮死の状態となるのぢゃ、掃除が終わってから因縁のミタマのみを神がつまみあげて、息吹きかえしてミロクの世の人民と致すのぢゃ」

（昭和36年　月日不詳）

「神世のひみつと知らしてあるが、いよいよとなりたら地震、雷ばかりでないぞ、臣民アフンとして、これは何としたことぞと、口あいたままどうすることも出来んことになるのぞ、四ツン這いになりて着る物もなく、獣となりて這いまわる人と、空飛ぶような人と、二つにハッキリ分かりて来るぞ、獣は獣の性来いよいよ出すのぞ、火と水の災難がどんなに恐ろしいか、今度は大なり小なり知らさなならんことになりたぞ。一時は天も地も一つにまぜまぜにするのざから、人一人も生きてはおられんのざぞ、それが済んでから、身魂磨けた臣民ばかり、神が拾い上げてミロクの世の臣民とするのぞ、どこへ逃げても逃げ所ないと申してあろがな、高い所から水流れるように、時に従いておれよ、いざという時には神が知らして、一時は天界へ釣り上げる臣民もあるのざぞ。人間の戦や獣の喧嘩くらいでは何も出来んぞ、くどう気つけておくぞ、何よりも改心が第一ぞ」（昭和19年8月26日）

右は『日月神示』に示された世界の大峠に関する予言のごく一部である。

このような地球的規模の大激変を通じて、地上界に存在するありとあらゆるものが大清掃を受ける。そして物質のすべてが質的な転換を起こし、次元的に高い波調の「半霊半物質」に昇華して再生し、ここに〝みろくの世〟、すなわち地上天国が顕現することになる。

それまでに十分な身魂磨きができておらず、この物質次元の急激な転換について来れない人々は、結局淘汰されることになる。

『日月神示』から推測されるのは、そのような厳しい立て替え・立て直しのプログラムである。

王仁三郎は「瑞霊」となって現在でも活動している!?

王仁三郎は、終戦目前の昭和20年8月10日、一部の信者の前で、「今までは芝居じゃ、これからが本舞台である」と語ったという。

それまで王仁三郎が行なって来たことは、雛型を演じるという、いわば芝居であった。つまり、実地の立て替え・立て直しの経綸が開始されるのは、王仁三郎の後の世代ということになる。

王仁三郎は、大本を通じて「地の準備神業」を行うためにこの世に降り立った。そして雛型経綸を無事やり終えたところで昇天し、〝瑞霊《ずいれい》〟となって神霊界から地上界の救済のために働きかけている――。

こうしたことは、現在でも大本の流れを汲む一部の信者たちの間で強く信じられている。王仁三郎自身、瑞霊の正体である素盞鳴尊《すさのおのみこと》こそが救世主であると説き、自らをこの瑞《みづ》の御魂《みたま》を持つ者と称していた。『道の栞』の中の一節には、こうある。

「救世主なるものは釈迦にもあらず、基督《キリスト》にもあらず、誠の世の救世主は瑞の霊《みたま》・素盞鳴尊なり」

「真如の御魂は瑞の霊なり、肉体は神の宮、それで命《みこと》という。これがこの世の生神《いきがみ》救い主である」

つまり、本当の救世主は、出口王仁三郎という人間ではなく、その肉体を機関とする瑞の霊、素盞鳴尊である、というのである。

また、『霊界物語』（第67巻62〜63頁）には次のような個所がある。

「瑞霊（王仁三郎のこと）世を去りて後、聖道漸く滅せば、蒼生諂偽《てんぎ》にして復《また》衆悪を為し、五痛五焼還りて前の法の如く久しきを経て、後転劇烈なるべし……」

自分が昇天した後は、地上世界は乱れに乱れ、悲惨極まる終末的に状態に堕ち行くであろう、という意味のことが書かれてあるのだ。

一日も早く天人界に入り　瑞の御魂の力みせたし

素盞嗚尊こそ本当の救世主であるという

王仁三郎が、晩年に詠んだ歌である。

やはり王仁三郎は、瑞霊・神《かん》素盞嗚尊となって再臨し、混乱する世の救済を統率するのだろうか。

確かなところはわからない。

しかし今われわれは、王仁三郎という人が一体何を為したのか、どんなことをわれわれに伝えようとしたのか、真剣に考え直してみるべき時期に来ている。

何故なら、彼の行なった雛型の中には、必ず世を悲惨な終末から救う鍵が、隠されていると思われるからだ。

その鍵となる部分を見つけ出し、現代において応用し、大勢の人が実行に移すことで、悲惨な大激変を回避し、小さな災厄で済ますことができる。それこそが、われわれに与えられた責務ではないのだろうか。

王仁三郎は、改心して神の道に還ることができれば、「大三災（天災地変）は小三災（戦争・飢饉・疫病）で済む」と言っている。

また『日月神示』にも、「神示で知らしただけで得心して改心出来れば、大難は小難となる」と示されている。

雛型経綸を終了し、実地の段階に移っている今、一人でも多くの身魂が、日々何を考え、何を為すかにより、これから移写してくる未来展開は変わって来るのだ。

次章においては、最も重要な部分と思われる、その「何を為すべきか」という点について簡潔に触れてみることにする。

第五章

「身魂」を磨けば大峠を乗り越えられる

神諭、神示に示された大峠は、もう始まっている

われわれは今、平和で豊かな社会の中に、どっぷりと漬かっている。

ただ日常の雑事にのみ追われ、国家のことだとか、世界のことだとか、人類のことを考え、その行く末を案じている人というのは、それほど多くはない。ほとんどいないと言っても良いかもしれない。

しかし最近になって、ごく一般の、普通の人の中にも、日本人の傲慢で刹那的な生き方に疑問を抱き、経済的繁栄の代償として何か大切なものを失ってしまったことに気がつく人も増え始めている。

「このままでは済まないのではないか――」

というような、危機的な何かを感じ取る人も中にはいるようだ。

実際、すでに述べたように、われわれ人類は大峠の坂を登りつつある。

そしてある日突然、日本の二度目の立て替えが起こる。それが誰の目にも明らかになる時は、おそらく、大動乱の真っ只中だろう。そうなってから気づいたのでは、あまりにも

遅すぎるのだ。

この大峠を乗りきるには、身魂が磨けていなければ駄目だという。ではその「身魂を磨く」とは、具体的にどういうことなのか。

また、神示によれば、大難は小難に変えることが可能だという。ではどうすれば、大難を小難に変え、悲惨極まる地獄絵図を現実のものとさせなくて済むのか。

これらに対する解答は、すべて王仁三郎の唱えた主張や『伊都能売神諭』、あるいは『日月神示』などの中に盛り込まれていると言ってよい。

本稿においては、その中から、どういったことを理解し、実践すればよいかについて、重要部分を抽出して述べてみたい。

無政府状態と、生活基盤の崩壊

大本は、出口王仁三郎の指揮の下、世界大改造の型を打ち出し、雛型経綸は完了した。

雛型という起爆剤が爆発してしまった以上、その立て替えの波は日本、そして世界全体へと及んでくる。

大本における立て替え（弾圧事件）は、一度目より二度目の方が、はるかに徹底的なものであった。これが日本にそのまま拡大移写するとなると、日本の二度目の立て替えは、目も当てられないものとなるはずである。

今の日本人は、すっかり現代文明の便利さ、快適さに慣れきってしまっているから、その時現出する苦難には到底耐えられまい。

王仁三郎の筆先である『伊都能売神諭』は、すでに来たるべき社会的大混乱を見通し、こう予告している。

「天が地となり、地が天となるぞよ。天災地妖《てんさい》が続いて起るぞよ。目も鼻も口も開かぬ様な事が出来るぞよ。餓鬼が段々と増えるぞよ。思わぬ国替《くにがえ》を致す人民も沢山あるぞよ。

段々人気が悪くなるばかりであるぞよ。医者と坊主と葬式屋の豊年は続くぞよ。米は段々騰貴《あが》るばかりで、何程金銀出しても手に入らぬ事になるぞよ。用意が肝心であるぞよ」（大正7年12月25日）

「少しでも食物の用意を致さねば、後で地團太《じだんだ》踏んでも追いつかぬ事になるぞよ。四足の餌の奪《と》り合いが始まりて来るぞよ。未《ひつじ》と申《さる》とが腹を減らして惨《むご》たらしい酉《とり》合いが始まるぞよ。今まで世界の人民の苦しむ大戦争を喜んで、結構な事になりて金銀を積んで高ぶって居りた人民は気の毒ながら、真逆様に地獄のどん底に落ちて苦しむぞよ」（大正7年12月22日）

これらはもちろん、大正12年に起きた関東大震災や、大東亜戦争に至る昭和初期の暗黒時代の到来といったことを表わしているように思われるが、そのさらに後に起こるべき大動乱の様相も含み示されているのではないだろうか。

また、『日月神示』には、さらに厳しいことが記されている。

「神は気《け》もない時から知らしておくから、よくこの神示、心にしめておれよ。一日一握りの米に泣く時あるぞ、着る物も泣くことあるぞ、いくら買溜めしても神の許さんもの一つも身には付かんぞ」（昭和19年6月30日）

「政治も経済も何もかもなくなるぞ。食べるものも一時は無くなってしまうぞ。覚悟なさ

れよ」（昭和20年6月12日）

「一握りの米に泣くことあると知らしてあろがな、米ばかりでないぞ、何もかも、臣民もなくなるところまで行かねばならんのぞ、臣民ばかりでないぞ、神々様さえ今度は無くなる方あるぞ」（昭和19年8月27日）

「日に日に厳しくなりて来ると申してありたこと始まっているのであるぞ、まだまだ激しくなってどうしたらよいかわからなくなり、あちらへウロウロ、こちらへウロウロ、頼るところも着る物も住む家も食う物もなくなる世に迫って来るのぞ」（昭和19年12月12日）

こうした神示は、いずれも終戦前に出されたものだが、日本の一度目の立て替えにあたる大東亜戦争による敗戦のことのみを指して言っているとも思えない。

日本の二度目の立て替えでは、国家社会は無政府状態に陥り、国民は上から下まで、日常の生活基盤を失うことになるだろう。

貨幣は何の価値もなさなくなり、衣・食・住は完全に欠乏する。

とくに、食べ物に関しては、〝一握りの米に泣く〟ような、非常に厳しい状況となるようだ。飽食の時代に生きた日本人、中でも高度成長期以後に生まれた若い世代には、到底耐え切れない試練である。

われわれは今、日の恵み、月の恵み、地の恵みに対する感謝を忘れ、天地から授かった食べ物を〝当たり前のもの〟と思い、毎日飲み食い三昧に明け暮れている。

そんな中、大食糧難が突如として起こる。その時に現出する社会的混乱は、まさに修羅場と呼ぶにふさわしいだろう。

ところが神示には、これもすべて〝行〟だとある。

「今度の行は世界の臣民皆、二度とない行であるから厳しいのぞ。この行出来る人と、よう我慢出来ない人とあるぞ、この行出来ねば灰にするよりほかないのぞ」（昭和19年8月14日）

「今は神の力は何も出てはおらぬのぞ。この世のことは神と臣民と一つになりて出来ると申してあろがな、早く身魂磨いて下されよ。外国は〇、神の国は〻と申してあるが、〻は神ざ、〇は臣民ぞ、〇ばかりでも何も出来ぬ、ゝばかりでもこの世の事は何も成就せんのぞ、それで神かかれるように早う大洗濯してくれと申しているのぞ、神急《せ》けるのぞ、この御用大切ぞ、神かかれる肉体沢山要るのぞ。今度の行は〇を綺麗にする行ぞ、掃除出来た臣民から楽になるのぞ。どこにおりても掃除出来た臣民から、よき御用に使って、神から御礼申して、末代名の残る手柄立てさすぞ」（同右）

われわれが、大峠を目の前に何をすべきかということは、右に挙げた神示の中に、すべてが盛られていると言ってよい。

つまり、これからは、一人一人が本当の意味で神が憑かれるような身魂にならなくてはいけないということだ。神（ゝ）が人の肉体（〇）に憑かり、神人一体（⦿）となることによって始めてその人は救われ、世もまた立ち直るのである。

「今度の行は〇を綺麗にする行ぞ」とある。肉体を掃除することこそが、行であり、身魂磨きであるというわけである。

そして、「掃除出来た臣民から楽に」なり、神から善き御用に使われて「末代名の残る手柄」を立てることができると、神示は告げているのである。

○にゝが宿った者のみが救われる

さて、それでは〝身魂磨き〟の具体的な方法とは何か。どのようなことを実践すれば〝肉体を掃除〟することができるのか。

これについては、様々な説が取り沙汰されている。すべてに対して感謝と反省の気持ちを持つことだとか、朝夕の礼拝を欠かさぬようにすることだとか、いろいろなことを言う人がいる。

そうしたことも、無論大切なことと思われる。

だが、神示や神諭によれば、最も重要かつ最優先すべき〝身魂磨き〟の方法とは、まず、食生活を正すことである。

日々どんなものを食べ、血肉としているかによって、肉体を掃除することもでき、また逆に汚すことにもなり得る。

「正しい食べ物を正しく食べること」の励行こそ、身魂磨きの方法として最も重要なことである。

『日月神示』には、そうしたことが明確に示されている。

「食い物大切に、家の中キチンとしておくのがカイの御用ざぞ、始めの行ざぞ」（昭和20年12月7日）

「慎ましうして神に供えてから頂けば、日本は日本で食べて行けるぞ、理屈に邪魔されて、有るものも無くして食えなくなるのは悪の仕組ぢゃ」（昭和22年3月3日）

「正しき食物正しく食べよ。さらに喜び増えて弥栄《いやさか》えるのぢゃ。自分の喜びを進め進めて天国へ入ること出来るのぢゃ。悪い食物悪く食べるから悪くなるのぢゃ」（昭和27年1月30日）

「衣類も家も土地も、みな神から頂いたのでないぞ。預けられているのであるぞ。人民に与えられているものは食物だけぢゃ。日の恵み、月の恵み、地の恵みだけぢゃぞ。その食物節してこそ、捧げてこそ、運ひらけるのぢゃ。病治るのぢゃ。人民ひぼしにはならん。

心配無用。……憑きものがたらふく食べていることに気づかんのか。食物節すれば憑きもの改心するぞ」（昭和27年6月9日）

泉田瑞顕氏は、その著書（小冊子）である『世の終りと神示の生活革命』（言霊社）の中で、大本の筆先に基づいた〝身魂磨き〟の方法として、まず「体霊」の浄化から始めるべきだと説いている。体霊とは、肉体を養い、守護する霊のことで、衣食住に対する欲望や、男女間の性欲などは、みな体霊の働きであり、この体霊を浄化して、正常化していくことが、身魂磨きの第一歩だと断言している。

「出口聖師（王仁三郎）は、この体霊のことを副守護神と申され、人間が肉体をもってこの世に生まれ出た時から付与されている正霊だと説明されている。ところが副守護神には後天的に憑依した邪霊がいる。この邪霊が人間本来の副守護神（体霊）の正しい働きをゆがめて、人間を体主霊従の動物的生活に陥れる元凶である。現代社会に生活している人間はほとんどこのような後天的憑依霊、すなわち邪霊に災いされて、天賦の霊性を発揮出来なくなっていると神様は申されている。

そこで身魂磨きの第一歩は、この後天的憑依霊、俗に言う〝つきもの〟を改心さして、各自の肉体から追放することである。そのためにまず第一に必要なことは、食生活を改め、食生活を規制することだと申されている。

日本人には日本人に適合した正しい食べ物があり、正しい食べ方がある。この原則を無視して、無茶苦茶なものを無茶苦茶に食っているから次第に血液が濁り汚れて動物化し、日本人に付与された天賦の霊性を発揮出来なくなっているのである。（中略）

要するに、世の終りに対処する日本人の身魂磨きの方法は、神示に従って日本人に適した衣食住の生活をやることである。特に食生活を改めるということが最も重大である」

泉田氏のこの意見は、まさしく正論であり、それは王仁三郎の主張していたことを完全に踏襲したものである。

ではさらに具体的に言って、「正しい食べ物を正しく食べる」こととはどういうことなのか、次にこれを考えてみよう。

人間に許された食べ物は、五穀野菜の類である

正しい食べ物とは何か、ということに関しては、『日月神示』に明確に記されている。

「四ツ足を食ってはならん。共食いとなるぞ。草木から動物生まれると申してあろう。臣民の食物は、五穀野菜の類であるぞ」（昭和36年5月6日）

「牛の食べ物食べると牛のようになるぞ。猿は猿、虎は虎となるのざぞ。臣民の食べ物は決まっているのざぞ。いよいよとなりて何でも食べねばならぬようになりたら虎は虎となるぞ。獣と神とが分かれると申してあろがな、縁ある臣民に知らせておけよ、日本中に知らせておけよ。世界の臣民に知らせてやれよ」（昭和19年8月31日）

「日本には五穀、海のもの、野のもの、山のもの、皆人民食いて生くべき物、作らしてあるのぢゃぞ。日本人には肉類禁物ぢゃぞ。今に食い物の騒動激しくなると申してあること

忘れるなよ、今度は共喰いとなるから、共喰いならんから、今から心鍛えて食い物大切にせよ」（昭和21年11月17日）

〝五穀野菜の類〟というのは、米、アワ、ヒエ、キビ、ソバ、豆、麦などの穀物類、それに葉菜、根菜などの野菜類、及び海藻類のことである。これらが、天地から人間に許された食べ物なのだ。

つまり、ここで示されているのは、穀物菜食の実践である。

〝四ツ足〟というのは、四本の足を持つ動物、すなわち牛や豚といった獣類を主に指す。〝四ツ足〟は人間の性に近い生き物であるから、これを食べることは〝共喰い〟となる。よって、肉類を食べてはならんというのである。

肉を日常的に喰らえば、血液が汚れると同時に、霊性が下がる。結果、低級な波調と交流し、自らを地獄的な世界に堕としめることになる。

現代栄養学に照らし合わせて言えば、肉類をいっさい食べないということは、極めて栄養のバランスを欠いた、危険な食事法のように思える。だが、それこそ〝悪神の仕組み〟により洗脳された人の意見であると言える。

個人的なことで恐縮だが、私はもう30年近く、ほぼこの神示通りの食生活（魚介類や卵は時折食べる）を実行しているが、身体に異常を来したことは一度もないし、風邪さえほとんどひいたことがない。穀物菜食を中心とした食生活を長年実践して、強靭な健康体を誇る人はけっして少なくないのである。

この事実を、どう説明するのか。逆に、現代栄養学が絶対視されながら、何故今日これほど多くの人が様々な病気で苦しんでいるのか、そしてそれらの病気が根絶できないのか。今の日本人の食のあり方には、大きな問題があると思わざるを得ない。

一方、穀物菜食の有効性については、桜沢如一氏が考案して世界中に広まったマクロビオティックや、明治時代の軍医であった石塚左玄の食養学の見地からなどもすでに裏付けられている。

拙著『日月神示・完全ガイド&ナビゲーション』でもこのことは一章分を割いて詳述したが、関心のある方はまずそうした関連図書を読まれることをお勧めしたい。

意味不明に見える数字や記号で書かれている『日月神示』

王仁三郎も正しい食の実践を説いている

穀物菜食が人間に適した食であることを説いた神示や神典類は、『日月神示』だけに限らず、他にもまだまだ沢山ある。

王仁三郎の直受した『伊都能売神諭』にも、〝四ツ足〟を食べることや、身につけることを禁ずる記述が出てくる。その個所を、左に示してみよう。

「日本は神国と申して至精至浄《きよき》を専一《いち》と致して神に仕え、政治を行うた国であるから、血に穢《けが》れたり死穢《しにけがれ》に踏合《ふみお》うたり、身体《からだ》の〇〇なもの、肉食をしたものは神の御前に出仕事《でること》は許さぬ国であるかに、日本人は何処までも五穀野菜と鮮魚《うみざかな》より外のものは口へ入れる事は許して無いので在れども、今の日本の人民は、皆外国人の真似を致して、牛馬の肉を食い、猪、鹿、犬猫、何でも構わず、四ツ足と見たら共食い致すようになり、たまたま謹みて四足獣を食わぬ人民があれば、時勢後《おく》れの馬鹿と申して嘲笑《わら》うようになりて了《しも》うて、この神州清潔《きよらか》の国土《くに》も、神聖至浄《きよらか》の神民も皆汚れて了うて、今日の国家の状態、神の住居を致すべき場所が、地の上には錐《きり》一本立つ場も無き所まで曇りて了《しも》うて居るぞよ。それで元の神代の神政に致すについては、一旦世界の大掃除、大洗濯が始まるから、日本の人民なら一日も早く大洗濯のあるまでに身魂を清めておかぬと、ツヽポに落されて苦しまねばならぬぞよ」（大正8年1月5日）

「世が段々下るに就て、皇極天皇（642〜645まで在位）の時代より日本の人民がそろそろ牛馬の肉を食うようになり、天武天皇（673〜686まで在位）の時代には益々盛んになり、血穢《ちけが》れ死穢《しにけが》れを扱うたり、牛馬を殺したり致す餌取《えと》りというものが出来て……今の日本の人民は上から下まで牛馬の肉を食い、毛や皮を頭の先から足の爪先まで着けるようになりて、日本中が皆〇〇のやり方になりて了うて居るから、日本の国は隅から隅まで汚れ切って、牛や羊の血を呑み、児《こ》には牛や羊の乳を吸はして、是れが文明の世じゃと得意がり、血も肉も霊魂までもさっぱり四ツ足に化《な》り切り居るから……神国の姿は遠くの昔から亡びて居るから、今度は艮の金神、この世のエンマが出て参り、世の大洗濯を致して、元の清らかな神国の神政に立直して、松の代五六七《みろく》の代と致して天地総方の神々様や人民に御目にかけるぞよ」（同右）

この神諭の中で〝艮の金神〞は、肉はおろか、牛乳をはじめとする乳製品さえ否定している。

また、身につける物として、獣の皮を多く使用していることを厳しく批判している。

考えてみれば、今の世の中、コートやジャケット、靴、鞄、財布、バッグ、ベルト等々、ことごとくが獣の皮を使っている。だいたいブランドものといったらほとんどすべて革製品である。

動物を殺し、その死骸の皮を剝いで作ったものを身につけることは、明らかに神意に背くのだ。軽視しがちな点ではあるが、これも身魂磨きにおいては重要なところであろう。

浅野和三郎は、大正7年3月1日号の『神霊界』に、〝身魂が磨けて霊性が上がって来れば、肉類など自然と食べる気がしなくなる〞という意味のことを書いている。

「日本人も随分明治以降堕落し、其の結果、外国系統の守護神に憑依せられ、肉食などを好むようになりましたが、一旦身魂を磨くが最後、牛肉などは到底口にすることが出来なくなるのは、大本研究者の常に實験《じっけん》する所であります。国常立尊は此の濁り切りたる守護神と人民との大掃除をなさるのであるから、實に大事業なのであります」

また王仁三郎自身も、大正9年2月号の『神霊界』で、次のような論稿を載せている。

「肉食のみを滋養物として、皇国固有の穀菜を度外する人間の性情は、日に月に惨酷性を帯び来たり、ついには生物一般に対する愛情を失い、利己主義となり、且つ獣欲益々旺盛となり、不倫不道徳の人非人《にんぴにん》となって了うのである。虎や、狼や、獅子なぞの獰猛なるは、常に動物を常食とするからである。牛馬や象の如くに、体軀《たいく》は巨大なりと雖《いえど》も、極めて温順なるは、生物を食わず、草食又は穀食の影響である。故に肉食する人間の心情は、無慈悲にして、世人は死のうが、倒れようが、凍えて居ろうが、そんな事は毫末《ごうまつ》も介意せない。只々自分のみの都合を計り、食色の欲の外、天理も、人道も、忠孝の大義も弁知せない様になって了うのである。こういう人間が、日に月に殖えれば殖える程、世界は一方に、不平不満を抱くものが出来て来て、ついには種々の喧《やかま》しき問題が今日の如くに一度に湧いて来るのである。今日の為政者たるものは、宜しく下情《かじょう》に通ずるを以て急務とし、百般の施設は、之を骨子として具体化して進まねばならぬのである。……先ず何よりも、大本神諭に示させ玉えるが如く、第一に肉食を廃し、身魂を清めて、神に接するの道を開くを以て、社会改良の第一義とせねばならぬのであります」

当時の大本は、素衣粗食を旨としていた。王仁三郎以下、幹部役員も皆、一汁一菜という簡素な食事を実践していたようだ。

しかし教団としての規模が大きくなるに従い、こうした方針が徹底できなくなり、結局何でも食べるようになっている。

天恩郷にある宿舎のゴミ箱には、魚の頭やら鶏の骨やら、エビの殻、刺身の具《つま》、腐った白米などが捨てられていたという。(『風と光と雲の讃歌』野林正路著・秋山書店)

だが、王仁三郎は、こうした幹部たちの食事の乱れを、たしなめることもなかったようだ。

日頃から肉食・美食をしていると霊性が堕ち、邪霊からの悪しき波動を受けやすくなるのを、彼は十分心得ていたはずである。

そこには、邪霊に操られた官憲の手により大本を叩き潰してもらうという、雛型を演出するための密意があったと見るべきなのだろうか。

いずれにせよ、現代の日本のグルメ文化が、まさにそうした食の乱れた頃の大本の姿とよく似ていることだけは確かである。

第一に食生活の改善が急務

〝身魂磨き〟という言葉は、あまりに抽象的であり、そのため様々な解釈が可能である。だが、一つ言えることは、どんな行法をしようが、どんなに素晴らしい信仰を持とうが、根本の食生活が改善されなければまったく意味がない、ということだ。

むしろ行とは生活そのものであり、中でも正しい食生活の実践ができていれば、特別な身魂磨きの行などは必要ないのである。

そのことが、『日月神示』に、次のような表現で示されている。

「神の国のお土踏み、神国の光いきして、神国から生まれる食べ物頂きて、神国の御仕事している臣民には、行は要らぬのざぞ。このことよく心得よ」（昭和19年10月19日）

とは言え、日常の食事から肉類を排除し、神示にあるような穀物菜食を実践することは、なかなか困難である。その実行と継続には相当の意志の強さと、熱意が必要となってくる。また通常人の場合は、食べる物のことまでとやかく言って欲しくないものだ。彼らは言う。好きな物を食ったり飲んだりして生きた方が、人生楽しいではないか――と。

それはその通りである。しかし、神の道というものは、言葉を換えれば宇宙の絶対法則であり、秩序であるから、神とてこの道に従わねばならない。

肉食は、明らかにこの道に反するのだ。道から外れた生き方を選択する人は、その見返りとしての不幸現象が起きる。そして最後の時点でこの道に還って来ることができないのなら、その人は淘汰されてしまう。いかなる善人であろうが、いかなる悪人であろうが、この点、大宇宙（大神）の眼からは関係がない。

本来、正しい食生活とは、それが嬉しく、楽しいから実行すべきなのであって、そこには俗に言われる〝行〟といった観念はない。

霊性が上がれば、穀物菜食に自然と改まるものだ。それは、穀物菜食を好む身魂の細やかな波調が、高級な神霊の世界と交換交流するためである。

今後は、そうしたマコトの身魂磨きの方法に理解を示し、積極的に実践する人が、多く世の指導的立場にある人々の中にも現われることを期待したい。

何故なら、そうなった時に初めて、世の大峠の〝大難〟が〝小難〟になる可能性が見え始めるからである。

大難を小難に変える「皇道経済」とは

日本の二度目の立て替えは、近い将来に必ずやって来る。

大本の立て替えの雛型が、そのまま拡大移写して来るとすれば、その時の惨状は言語に絶するものとなるであろう。

第二次大本事件の時の、狂気に満ちた官憲の横暴を、もう一度振り返ってみて欲しい。まさに徹底に徹底を重ねた破壊が行われている。

この破壊（立て替え）のエネルギーが、そのまま日本の国家全体に移って来るとすれば、その時に現出する状況は悲惨を極める。それこそ、日本の伝統や文化そのものが、地上から消えてなくなることになろう。

しかし、その中で正しい衣食住（とくに正しい食生活の行）ができている人は、大難を小難に済ませて頂けるはずである。

それでは、日本という国家レベルで、その大難を小難にと変える手立てはないのか。

実は、一つ残されている。

それは、王仁三郎の唱えた「皇道経済」を、日本政府が受け入れ、実行に移すことである。

王仁三郎の言う皇道とは、天皇を絶対の中心と定め、天皇統治による政治を行うという従来の皇道思想とはまったく本質を異にする。

天皇といえども従わねばならないところの、神聖なる惟神《かんながら》の大道——これを王仁三郎は〝皇道〟と呼んだ。

皇道の真の意味について、彼は次のように定義している。

「皇道はもと天地自然の大法であって、大虚・霊明なるが故に、無名無為である。……皇道は、宇宙に瀰漫《びまん》せる道であり、天地惟神なる大道である。故に人為的の教えでなく、之を一国に施せば一国安く、之を万国に施せば万国寧《やす》く、一家之によって栄え、一身之によって正を保つの大道である。……皇道は神より出で神をはなれて皇道はない。皇道の大本は神である」

要するに、この世には、根本大祖神（主神）より流れ出でる、天地弥栄の絶対法則がある。この法則は、宇宙創造と共に発生し、万霊万物を生成化育させる永劫不滅の道として、現在においても活気凜々として大宇宙に遍満している。この道に従えば、一国、一家、一個人は、自ずと栄えていくものなのだ。これが、王仁三郎の言う皇道である。

彼はまた、皇道を、現在の神社神道とも明確に区別している。

「皇道とは、天下を統治する神法神則であり、神道とは別である。皇道の中には、政治も教育も実業（経済）も宗教も一切包含しているのである」

つまり、彼の説く皇道経済とは、そうした天地弥栄の絶対法則を遵守しながら、これに基づき施行するところの、真の経済である。

では、具体的に言って、その内容とはどんなものか。

詳細に述べると、またかなりの紙幅を割かなくてはならないが、王仁三郎の提言した皇道経済の具体策とは、大体次のようなものである。

一、金銀為本《いほん》制の廃止（拝金主義の否定）
一、私有財産制の撤廃（一切は神の物であるとみなす）
一、租税制度の廃止（税の徴収をなくす）
一、土地為本の生活原則（生活の基盤を土地に置く）
一、天産自給の原則（その土地で生産されるものを以て自給自活する）

これらの中で、とくに王仁三郎が重要視したとされるのが、「土地為本」と「天産自給」である。

土地為本、天産自給こそ国家の大難を小難に変える鍵

人間は、人種や民族に関係なく、貧富貴賤の区別なく、居住するその土地と一体となって生きている。

土地とは生きものであり、膨大なエネルギーを発散し、そして吸収している。常に呼吸し、息づいているのだ。

われわれ人間は、その大地の上に二本の足で立ち、生活しながら、日々を生きている。土地には、そこに生きるあらゆる生命を育む〝気〟のようなものがある。人は、自分の住む土地の〝気〟を摂り入れ、身魂を養うようになっている。いわば土地と人とは、切っても切り離せない、不可分の関係にあるわけだ。

また、「土地柄」だとか「お国柄」などという言葉もあるように、その土地の〝気〟にも、地域によって独特の性質がある。国が違った場合は、なおさらその違いは大きい。

したがって、食べ物でも、自分の住む土地や国で摂れたものを食べることで、人間の生命力や健康な身体は、十分に維持できるようになっている。このことは、食養学では「身土不二の原則」と呼ばれている。

遠い土地で摂れた外国産のものを多く食べていると、波調が異なるために、必ず身体に変調を来たし、病むことになる。

このような、大地の力徳である〝気〟のことは、国の魂、〝国魂〟とも称される。

王仁三郎は、世界全土は、十二の国魂によって類別され、それぞれが独自の性質を持っており、またその性質に応じて独自の生命圏を形成していると述べている。そして彼は、〝みろくの世〟になれば、これら十二種類の生命圏の独自性は保たれ、国魂自治による「国魂経済圏」ができると予言している。

王仁三郎のこうした考え方は、土地と人とは不可分のものであるとする、身土不二の原則にもまさしく合致するものである。

よって彼は、今までのような、金銀に価値の基準を置こうとする「金銀為本」の制度を廃止して、土地に価値の基準を置くことによって国民生活の基盤を築く「土地為本」制度を提唱したのである。

さらに同じ意味から、その土地や地域、あるいは国魂に応じて、大地から摂れたもので身魂を養い、自給自活するという「天産自給」を訴えたのである。

王仁三郎は、『霊界物語』の中で、次のような歌を詠んでいる。

あらがねの　土は万有産出の　基《もとい》なりとせばおろそかにすな
一さいの　生産品は地上より　更生もまた土より始めよ
お土から　あがりしものを大切に　せざればこの世は治まることなし

経済の　根本革正なさざれば　地上の国は滅びゆくべし

我国の　経済根本革正は　土地為本より良法はなし

これら「土地為本」と「天産自給」は、王仁三郎の主張する皇道経済の柱ともなる極めて重要な部分であり、また神示に明らかに基づいたものである。

例えば、『大本神諭』にも、

「金銀を用いないでも、結構にお土から上がりたもので、国々の人民がいける様に、気楽な世になるぞよ。衣類、食物、家倉までも変へさして、贅沢な事は致させんぞよ。世界中喜ぶ様の政治に致さねば、神国とは申されんぞよ」（明治26年7月12日）

「金銀を余り大切に致すと、世はいつまでも治まらんから、艮の金神の天晴れ守護になりたら、お土から上がりたもの（天産物）、その国々のものでいける（自給自活）ように致して、天地へ御目にかける仕組が致してあるぞよ」（同右）

「今の世は金で治まるように思うておるが、金は世のほろびのもとであるぞよ。根本から立替えるぞよ。大地からあがりたものを大切に致さねば、金では治まらぬぞよ」(明治25年　月日不明)

「日本の国が是れ丈け乱れたのは、交易からじゃぞよ」(明治36年6月　日不明)

などと出されているし、また『日月神示』にも、次に挙げるように、まったく同じ主旨のことが示されている。

「神の世と申すのは、今の臣民の思うているような世ではないぞ、金は要らぬのざぞ、お土から上がりた物が光りてくるのざぞ、衣類、食べ物、家倉まで変わるのざぞ。草木も喜ぶ政治と申してあろうがな」(昭和19年8月7日)

「神の国は神の肉体ぞと申してあるが、いざとなれば、お土も、草も、木も、何でも人民の食べ物となるように、出来ているのざぞ」(昭和20年7月21日)

「一の国は一の国の教え、二の国は二の国の教え、三の国は三の国、四の国は四の国と、それぞれの教えあるぞ。道は一つぢゃぞ、取り違いせんようにせよ。住む家も、食う物も違うのざぞ。混ぜこぜならんのぢゃ、皆々不足なく、それぞれに嬉し嬉しざぞ、不足ない光の世来るぞ」（昭和21年12月14日）

「つつましく、正しくしていけば、その国々で一切不足なく暮らしていけるように何もかも与えてあるに気づかんのか」（昭和25年1月3日）

「みろくの世となれば、世界の国々がそれぞれ独立の、独自のものとなるのであるぞ。ぢゃが皆それぞれの国は一つのヘソで、大き一つのヘソにつながっているのであるぞ。地上天国は一国であり、一家であるが、それぞれの、また自ずから異なる小天国が出来、民族の独立性もあるぞ」（昭和27年4月11日）

これまで世界の主たる国々は、皇道経済の原理とは正反対の「自由貿易」こそが正しいと信じ、推進してきた。だが、神示に照らし合わせれば、とくに農業や食の分野において、それは誤りであったことになる。

市場には外国産のものが大量に出回り、身土不二の原則はとうの昔に崩壊している。業者は、ただ安いからという理由で大切な食べ物の中に、農薬と添加物のたっぷり混入した外国産の原料を混ぜている。あるいは、単に安いという理由だけで、すべて外国産のものを用いて生産加工している。また消費者も、そうした安価なものを選んでいる。しかも大半の国民は、こうした悪の計画の周到さや恐ろしさに、まったく無知無関心だ。

それはまさに、徹底的に日本人の霊性を堕として神気を受けられぬようにし、骨抜きにした上で潰しにかかる悪神の謀略なのである。

こうした状況を見ると、王仁三郎の提唱した皇道経済実現の可能性は、もはや絶望的であると言わざるを得ない。ということは、日本の二度目の立て替えは、大難となって、近い将来、ある日突然にわれわれの前に現実のものとなるだろう。

しかし、まだすべての機会が失われたわけではない。一方で、大難を小難に、大三災を小三災に変える動きも始まっている。

とくに、自分自身の身魂磨きは、怠ることなく続けるべきである。結局基本は、個人個人の霊性の向上にかかっているからである。

自分の身魂の〝立て替え・立て直し〟が完全にできていれば、余計な混乱に巻き込まれることもない。

われわれ日本人は今こそ、身魂を磨いて、本当の意味で神の憑かれるマコトの日本魂とならねばならないのである。

王仁三郎の言う「日本魂」に還れ！

では、マコトの日本魂とは、果たしてどんなものなのか。

これについて、王仁三郎は、実に明快に説明してくれている。

否、正確には、王仁三郎ではなく、彼に憑かった〝艮の金神〟こと国常立尊が、『伊都能売神諭』の中で書き記しているのである。

国常立尊は、王仁三郎の筆を通じ、

「天地開闢《かいびゃく》の初めの世からの約束の時節が参りたから、愚図愚図《ぐずぐず》致して居れんから、今の静まりて在る間に一日も早く身魂を磨いて居らんと、東の空から西の谷底へ天の火が降る事が出来致したら、俄《にわ》かに栃麺棒《とちめんぼう》を振ってアフンと致さなならぬようになるぞよ。それで一日も早く日本魂を磨けと申すのであるぞよ」

と前置きし、真の日本魂とはどういうものかを朗々と説いている。

少々長くなるが、参考までに、そこの個所を左に記載しておきたい。

「日本魂と申すものは、天地の先祖の神の精神と合わした心であるぞよ。至善至愛の大精神にして、何事にも心を配り行き届き、兇事に逢うとも大山の如く、ビクとも致さず、物質欲を断ちて精神は最も安静な心であるぞよ。天を相手とし、凡人と争わず、天地万有山野海川を我の所有となし、春夏秋冬も昼も夜も暗も雨も風も雷も霜も雪も皆我が言霊の自由に為し得る魂であるぞよ。

如何なる災禍に逢うも艱苦《かんく》を嘗《な》めるも意に介せず、幸運に向かうも油断せず、生死一如にして昼夜の往来する如く、世事一切を惟神《かんながら》の大道に任せ、好みもなく恨みも為さず、義を重んじて心裏常に安静なる魂が日本魂であるぞよ。

常に心中長閑にして、川水の流るゝ如く、末に至る程深くなりつゝ自然に四海に達し、我意を起こさず、才智を頼らず、天の時に応じて神意に随《したが》って天下公共の為に活動し、万難を弛まず屈せず、無事にして善を行うを日本魂と申すぞよ。

奇魂《くしみたま》能《よ》く活動する時は大人の行い備わり、真の智者となり、物を以て物を見極め、自己に等しからん事を欲せずして身魂共に平静なり。小人なるものは自己を本として物を見、自己に等しからん事を欲するが故に、常に心中静かならず、之を体主霊従《あく》の精神と申すぞよ。今の世の中一般の心は皆この心であるぞよ。

誠の日本魂のある人民は、其の意志平素《こころつね》に内にのみ向い、自己《おのれ》の独り知る所を慎み、自己の力量才覚を人に知られん事を求めず、天地神明の道に従い交わり、神の代表となりて善言美辞を用い、光風霽月《こうふうせいげつ》の如き人格を具えて自然に世に光輝を放つ身魂であるぞよ。

心神常に空虚にして一点の私心無ければ、常永《とこしえ》に胸中に神国あり、何事も優《すぐ》れ勝《まさ》りたる行動を好み、善者を喜びて友となし、劣り汚れたるを憐れみ且つ恵む、富貴を欲せず羨《うらや》まず、貧賤を厭《いと》わず侮《あなど》らず、只々天下の為に至善を尽くす事のみに焦心す、是《こ》の至心至情は日本魂の発動であるぞよ。

天下修斎の大神業に参加するとも、決して慌てず騒がず、身魂常に洋々として大海の如く、天の空《むな》しうして鳥の飛ぶに任すが如く、海の広くして魚の踊るに従うが如き不動の精神を常に養う、是れが神政成就の神業に奉仕する身魂の行動でなければならぬのであるぞよ。

凡人の見て善事と為す事にても神の法に照らして悪しき事は是れを為さず、凡人の見て悪と為す事にても神の誠の道に照らして善き事は勇みて之《これ》を遂行すべし。天意に従い大業を為さんとするものは、一疋《ぴき》の虫と雖も妄《みだ》りに之を傷害せず、至仁至愛にして万有を保護し、世の乱に乗じて望を興さぬ至粋至純の精神を保つ、是れが誠の日本魂であるぞよ。

今度の二度目の天之岩戸開きの御用に立つ身魂は、是れ丈けの身魂の覚悟が無ければ到底終りまで勤めると云う事は出来んから、毎度筆先で日本魂を磨いて下されと申して知らしてあるぞよ」（大正8年2月21日）

このような身魂になれといきなり言われても無理のように思われるかもしれない。私もまだまだ、ここに示されたような日本魂には遠く及ばない。

だが、右の文を読んで心が勇んでくるようなら、まだ大丈夫である。

われわれは、この神言を鏡となし、その身（◯）に神の気（ゝ）を入れるべく、日一日と自分の身魂磨きに精進するべきである。

真剣に何を為すべきかを考え、行動する人に対し、瑞霊となって活動する出口王仁三郎は、必ず守護の御手を差し伸べ給うと私は信じる。

エピローグ　一厘の秘策が発動される日は近い

世界の大峠は必ず起こる。しかしその前に日本の大峠が起こると、王仁三郎は予言した。東西冷戦の時代が終結し、世界は恒久的な平和の実現に向かって進んでいるように見えるが、これも大嵐到来前の静けさなのかも知れない。

このまま行けば、日本の二度目の立て替えは、ある日突然に起こるだろう。そして日本が叩き潰された後、間髪を入れずに世界の大立て替えが始まる。

世界の大立て替えの経綸は、このような段階を経て、とことんまで進んで行く。ところが、地球が元の泥海になる、九分九厘の段階で、一厘の仕組みの発動があり、世が立ち直ると言われている。

最終段階において、この「一厘の仕組み」というものが行使されるらしいことは、様々な宗教団体や研究者により、既に知られている。

宗教団体などは、ウチこそその「一厘の仕組み」であると主張して止まないわけだが、この「一厘の仕組み」だとか「一厘の秘密」という言葉が大々的に使われ出したのは、大本の筆先である。

「日本の神国には九分九厘行った処で一厘の秘密が有る、手の掌《ひら》を覆《かえ》す、ということが書いてあろうがな、幽界の悪神を帰順させて了うぞよ」（明治43年旧8月7日）

「九分九厘と一厘とで斯《こ》の世が泥海となる所を、一厘の秘密であとは水晶の身魂斗《ばか》りに致して、末代の世を続かす経綸が致してあるから、悪の方の身魂では日本の神国の経綸は見当取れんぞよ」（大正7年旧正月12日）

「一厘の秘密で三千世界を水晶に立替、立直すのであるぞよ。足許《あしもと》から鳥が立つぞよ。時節が近よりたぞよ」（右同）

また『日月神示』にも、「一厘の仕組み」という言葉が多く出てくる。

「神の一厘の仕組わかりたら、世界一列一平になるぞ」（昭和20年6月11日）

「九分九分九厘と一厘とで、物事成就するのざぞよ」（昭和21年2月16日）

「立直しの仕組立派に出来ているから、心配致すでないぞ、立替え延ばしに延ばしている神の心判らんから、余り延ばしては丸つぶれに、悪のワナに落ちるから、止めに一厘のふた開けるから、目開けておれん事になるぞ」（昭和21年11月16日）

「天の世界も潰してならん、地の世界も潰すわけには参らんが、地上の事は潰さねば立直し難しいなれど、見て御座れよ、一厘の秘密でデングリ返して、見事なことをお目にかけるぞ」（昭和36年8月5日）

無論これだけでは、詳しいところは何も判らない。

この「一厘の秘密」とは何かということを、王仁三郎は、どう考えていたか。

これに関して、『霊界物語』の中にやや詳しい記述がある。

「三個の神宝（真澄《ますみ》の珠・潮満《しおみつ》の珠・潮干《しおひる》の珠）はいづれも世界の終末に際し、世界改造の為、大神のご使用になる珍の御宝である。しかしてこれを使用さるる御神業が、すなわち一厘の秘密である」（第1巻191頁）

「国常立尊は三個の神宝を竜宮島および鬼門島に秘し玉うた。そしてなおも注意をくわえられ、三個の珠の体のみを両島に納めおき、極秘のうちに肝心の珠の精霊をシナイ山の山頂へ何神にも知らしめずして秘しおかれた。これは大神の深甚なる水も漏らさぬ御経綸であって、一厘の仕組とあるのは、このことを指したまえる神示である」（第1巻192頁）

右によると、「一厘の秘密」には、三つの神宝が関係している、ということのようである。

確かに、『日月神示』にも、

「西も東もみな宝あるぞ、北の宝はシホミツ（潮満）ざぞ、南の宝はシホヒル（潮干）ざぞ、東西の宝も今にわかりてくるぞ、此の宝あっぱれ、この世の大洗濯の宝であるぞ」（昭和20年1月4日）

「海一つ越えて寒い国に、まことの宝隠してあるのざぞ。これからいよいよとなりたら、神が許してまことの臣民に手柄いたさすぞ。外国人がいくら逆立ちしても、神が隠しているのざから手はつけられんぞ。世の元からのことであれど、いよいよが近くなりたら、この方の力で出してみせるぞ、びっくり箱が開けてくるぞ」（昭和19年8月7日）

などと、「宝」のことを示した記述が見られる。

さらに、『霊界物語』第22巻には、金剛不壊の宝珠・黄金の珠・紫の珠という言葉で登場し、時期尚早であったため、35万年前に或るところに秘蔵されたことが語られている。

またそこには、これら「三個の神宝」について、

「有形にして無形、無形にして有形、無声にして有声、有声にして無声なる神変不可思議

の神宝なれば、凡眼をもって見ること能はざることはもとよりなり」

とも記されている。

〝形はあるのだが、ないとも言える〟というわけで、随分と抽象的である。

しかし、『霊界物語』第26巻を見てみると、これら「三個の神宝」について、その実体と活用のことが述べられている。

それを要約して解説してみると、次のようになる。（泉田瑞顕説による）

まず、金剛不壊の宝珠だが、これは言霊75声音を表わす。日本語のシラブルである50音に、濁音・半濁音を加えた、75の言霊こそが、至粋至純の如意宝珠であるという。

紫の珠というのは、その言霊75声音の活用である。世の大峠が到来した時に、この言霊法を活用すれば、世は立ち直ると言われ、これは言霊神法とも称される。

また、黄金の珠というのは、第五章でも述べた皇道経済のことである。地上天国社会の建設は、神示に基づく経済神策の確立から始まるとされる。皇道経済の実施は、〝大清掃〟を終えて次元的に昇華した人類社会に、永遠の繁栄と秩序をもたらすことになるという。

『霊界物語』によると、「瑞の身魂」というのは「三つの御玉」のことで、〝三個の宝玉世に出でて光り輝く活動を三つの御魂の出現という〟とされ、また〝瑞の御魂（三つの御玉）で止めを刺す〟とも述べられている。

また『日月神示』には、こういう記述もある。

「三《さん》S《エス》の神宝と3S《スリーエス》の神宝とあるぞ。毒と薬で裏腹であるぞ」（昭和20年11月27日）

〝3Sの神宝〟というのは、明らかにフリーメーソンの愚民化政策の柱と言われる3つのS、スポーツ・スクリーン・セックスのことを表わしているが、〝三Sの神宝〟というのは、これだけでは判らない。

やはりこれは、『霊界物語』で王仁三郎が述べている「三個の神宝」のことを指しているのではないか。

さらに、泉田瑞顕氏によれば、これら三つの神宝は、現界に有形を以て、つまり物質的な形をもって現われているという。

これら秘蔵されていた神宝を〝発掘〟したのは王仁三郎本人で、金剛不壊の珠と紫の玉は、大正5年9月8日に神島の岩門で手に入れており、黄金の玉は、昭和2年9月11日、高熊山の岩窟で発見されたとされる。

これらの神宝は、王仁三郎によって義弟の西田元教《もとのり》氏に密かに渡され、以来西田氏は30余年間沈黙を守って来たという。

そして昭和32年2月8日、瑞霊となって現われた王仁三郎の命により、西田氏はこれら三つの神宝の納められた函を大本に持参、変性男子系の身魂である三代・出口直日氏に手渡した。三代は函《はこ》を開かず、中身が何であるかを知らぬ間に、そのまま変性女子系の身魂である出口八重野《やえの》氏に渡したという。

だが、これらの神宝はすべて魂が抜かれていて、外形だけとなっており、ここに魂を吹き込むことによって、一厘の仕組みが発動されるのだと泉田氏は述べている。これこそが『霊界物語』にも記された、〝有形にして無形、無形にして有形〟の真の意味だというわけである。

真実のところは不明であるが、こうしたことは既に『出口聖師と一厘の仕組』（瑞泉郷建設運動本部発行）の中で公開されている。

これに関連して、『日月神示』には、

「一厘の仕組とは、〇に神の国の〻を入れることぞ、よく心にたたみておいてくれよ」（昭和19年7月24日）

と示されており、これも、魂の抜けた三つの神宝に〻の気を入れることが一厘の仕組みなのだと解釈出来ないこともない。

いずれにせよ、この一厘の秘策を行使出来る者は、完全に身魂の磨けた者でなくてはならないはずである。

微塵だに曇りのある者が、いくら神気をこうした神宝に注入しようとしたところで、結局は無駄な努力に終わるだろう。

一厘の仕組みに関する謎は尽きないが、とにかく、何よりも先ず優先すべきは、自分自身の身魂磨きだと思われる。

『日月神示』には、こうも示されている。

「身魂磨けば何事も判りてくると申してあろがな、黙っていても判るように早うなって下されよ」（昭和19年7月21日）

その人の身魂が磨け、神気を受けれる人となれば、何事も判るようになるというのだ。当たり前のようだが、重大な指摘である。

こうしたマコトの人が一人でも多く現われ、体主霊従の精神に満ちた社会の中に至粋至純な神気を注入することこそ、一厘の仕組みに値するのではないだろうか。

そして、そうした働きを為す一人一人に、救世の御役である「日の出の神」の守護が現われると私は信じている。

最後に、本書を執筆するにあたり、「皇道赤心会」参議であり、「言霊社」代表の久保脩氏に、多くの御協力とアドバイスを頂いた。紙上をお借りして、あらためて御礼申し上げたい。

復刻版あとがき――世界の大難は小難に変えられる

本書は、1993年に書き下ろした拙著『出口王仁三郎・三千世界大改造の真相』に修正を加え、復刻版として刊行することになったものである。

当時はバブルが崩壊してまだ間もない頃だった。世紀末ブームの真っ最中であり、出版界ではノストラダムスを初めとする「予言もの」が流行っていた。その流れで、日月神示も注目を集め出した頃だった。

まだ三十の坂を越えたばかりだった私のもとには、どんどんと出版のオファーが舞い込み、忙しい日々を送っていたが、その中で頂いた企画が、「出口王仁三郎」だった。

とにかく、中身はまかせるので、「出口王仁三郎」をテーマに一冊書いてほしいというのである。編集担当者は、きっと売れると思ったのだろう。ところが、版元の営業部は「出口王仁三郎」という名前の読み方さえ知らず、社内の空気としては「こんな本が本当に売れるのか?」という感じだったという。

本書の初版が発売されるや、たちまち数万部を超えるベストセラーとなり、版を重ねていった。

あれから27年が経ち、とうに絶版になっていた本書も、ヒカルランドさんのお蔭でこうして復刻することができた。じつにありがたいことである。

現時点で原稿を読み返してみても、けっして内容的に色あせていないどころか、昨今の不穏な世界情勢とも相まって、きっと読者の心に響くものがあると自負している。

本書をもって「出口王仁三郎」という人物のスケールの大きな生き様や、その業績、あるいは霊的な意義など、十分に描き出したとは言えないが、初めて彼の名を知る人にとっては、かなりのインパクトがあるに違いない。

平成から令和の時代に移り変わり、天変地異や異常気象など、かつてなかったようなことが次々と起きている。

とくに、令和2年に入るなり世界中に広がった新型コロナウイルスは、人類の生活様式を一変させた。世界経済もそのあおりを受けて失速し始め、「恐慌」という言葉さえ聞こえるようになってきた。現在もなおその渦中にあり、人々は誰しも、先行きの見えない中、不安を抱え、将来への確かな希望を見出せずにいる。

そうした社会的風潮もあってか、以前にも増して日月神示に注目が集まっているようだ。多くの人々が今、人生の指針となるような、心の拠り所を求めているのだろう。

冒頭にも書いたが、私は日月神示のみにこだわっているわけではなく、もっと俯瞰的な視点から見ている。日月神示という文書が生み出された日本の「霊脈」というものをたどると、そこに現れるのが大本であり、またその教義や思想を、世界の五大陸を凌駕するまでに知らしめた出口王仁三郎なのである。


本書でも明らかにしたように、大本は世界大改造の「型」を演出したと言われる。「二度ある」とされる立て替え（破壊）のうち、一度目は先の敗戦で現実のものとなったが、二度目はこれから起こる。しかもその立て替えは、一度目をはるかに上回る、すさまじいものになるだろうと。

これをそのまま受け止めれば、誰しもが戦慄を禁じ得ない。先の戦争よりもひどい目に遭わなければならないとすれば、平和な暮らしに慣れた現代日本人など、とても耐えられないのではないか……と暗澹たる気持ちになる。

日月神示には、

「神の国は誰が見ても、どう考えても、二度と立ち上がられん、人民みな外国につくようになって、この方《ほう》の申したこと、神示に書かしたこと、みな嘘ざと申すところまで世が落ちてしもうてから、初めて神力現れるのざぞ」（昭和20年12月18日）

とあるから、おそらく、とことんまで日本が破壊され、地に堕とされた段階になって、ようやく本当の「神力」が発動されるのだろう。

しかし一方で、必ずしもそのような悲惨な事態になるのが不可避というわけではないとも示されている。

日月神示によれば、「型」としては出さなければならないものの、大難は小難に変えられるということが、繰り返し説かれているのだ。

「神示で知らしただけで得心して改心できれば大難は小難となるのぢゃ、やらねばならん、戦は甚、将棋くらいの戦で済むのぢゃぞ、人民の心次第、行い次第で空まで変わると申し

てあろうがな」（昭和22年8月5日）

つまり、われわれ人類が、神意を知って意識を根本から改め、行動に移すことで、神諭や神示で言われているような破滅的な事態は避けることができるというのである。まさにこれこそ、70年以上前から神示（ふで）という形で神意が伝達された意義ではないだろうか。

私たち日本人がその気になりさえすれば、日本に迫る大難は小難にまつり変えることができる。日本だけでなく、世界を破局から救うことができる。なぜなら、日本は世界の雛型なのだから。

それを現実に証明したのが、出口王仁三郎ではなかったのだろうか。

これでひとまず筆を擱《お》くことにするが、さらに奥深い話については、本書の続編とも位置づけられる『〔復刻版〕出口王仁三郎　大本裏神業の真相』の方に譲りたい。

また、日月神示について知りたい方は、拙著『日月神示・完全ガイド&ナビゲーション』（徳間書店）を、また神示の全文を読んでみたい方は『〔完訳〕日月神示』（ヒカルランド）を、それぞれ参照して頂ければ幸いである。

中矢伸一　なかや しんいち

1961年、東京生まれ。

３年に及ぶ米国留学中、日本を離れて外国で生活したことがきっかけとなり、日本と日本民族の特異性を自覚する。

帰国後、英会話講師・翻訳・通訳業に携わる一方、神道系の歴史、宗教、思想などについて独自に研究を進める中、ほとんど世に知られないまま埋もれていた天啓の書、「日月神示（ひつきしんじ）」と出会う。

「日月神示」とは、神道という言葉すらなかった時代から脈々と受け継がれて来た日本古来の叡智を開示した書物であり、これからの日本と世界が歩むべき方向性を示す指南書。

その内容に衝撃を受けると同時に、現代日本で失われつつある日本精神の本質を知る。

独自にそれを縄文神道、または日本精神のエッセンスと呼び、その研究と普及、実践に人生を捧げる。

1991年、それまでの研究をまとめた『日月神示』（徳間書店）を刊行。

いきなりベストセラーとなり、以後ヒット作を相次いで世に送り出す。

これまでに刊行した著作は共著やリメイクを含めて70冊以上。累計部数は150万部を超える。

現在、1994年創刊の会員制月刊誌『玉響』の制作・執筆を中心に活動中。

会員向け講演会も行っている。

中矢伸一オフィシャルサイト
http://www.nihoniyasaka.com

無料メルマガ「中矢伸一事務所 リアルタイムニュース」（毎月１日配信）
有料メルマガ「飛耳長目」（第２・第４月曜日配信）
http://www.nihoniyasaka.com/magazine/
Twitter「中矢伸一事務所」も随時更新中。
https://twitter.com/nakaya_shinichi

＊本書は1993年８月にKKベストセラーズより刊行された
同名書籍に加筆した復刻版です。

【復刻版】出口王仁三郎 三千世界大改造の真相

第一刷 2021年10月31日

著者 中矢伸一

発行人 石井健資

発行所 株式会社ヒカルランド
〒162-0821 東京都新宿区津久戸町3-11 TH1ビル6F
電話 03-6265-0852 ファックス 03-6265-0853
http://www.hikaruland.co.jp info@hikaruland.co.jp

振替 00180-8-496587

本文・カバー・製本 中央精版印刷株式会社

DTP 株式会社キャップス

編集担当 小暮周吾

ISBN978-4-86471-531-7

本といっしょに楽しむ ハピハピ♥ Goods&Life ヒカルランド

胃も腸も脳もいきいき♪
くま笹のチカラで食と体を瞬間クリーニング！

「おいしく食べる」をコンセプトに、日本の伝統的な食文化の研究とエネルギーヒーリングの知恵によって生まれたパウダー状のスーパーフード「くま笹珪素」。くま笹は体内環境を整える働きを持つ有機化珪素をはじめ、葉緑素やビタミン各種、ミネラル、アミノ酸など栄養の宝庫とも言える食品であり、日本古来より天然の防腐剤として笹団子や笹寿司、ちまきを包むのにも使われてきました。また場を清めるものとして神事にも使われてきました。

このくま笹に着目した日本ハーブ研究所代表の故・川口哲史さんは、刺身のツマ（消化）やワサビ（殺菌）、シソ（解毒）、菊（肝臓の保護）を食べ合わせることで体内環境を整える加薬（かやく）という日本固有の薬膳文化に倣い、ふりかけて（加薬）食事をおいしく楽しみながらお使いいただけるスーパーフードとして「くま笹珪素」を開発。海の幸・山の幸の陰陽バランスの取れた日本の伝統食に倣い、カルシウム豊富で体内のソマチッドがよろこぶ太古の貝化石（海）、解毒作用のあるドクダミやイネ若葉、赤紫蘇（山）なども配合。また、味噌づくりをヒントにした発酵製法を考え出したことで酸化を防ぐことにも成功しました。

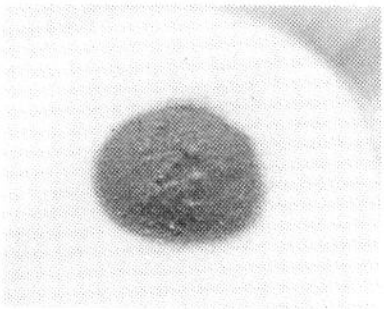

どんな料理もおいしく浄化♪

食べ物や飲み物に直接ふりかけるほか、珪素のチカラが活きる効果的な使い方を紹介します。

- ●玄米や雑穀米を炊く際に少量加える⇒臭みの除去、風味アップ
- ●調理で使う水にひとふり⇒素材の味を引き出す
- ●魚・刺身を冷蔵保存する前にひとふり⇒鮮度の維持、変色を防ぐ
- ●グラスにひとふりしてからビールを注ぐ⇒まるで生ビール ?!
- ●ペットの食事にもひとふり⇒ペットは珪素大好き。口臭や毛並み改善に期待

いろいろな料理に
試してみましょう！

  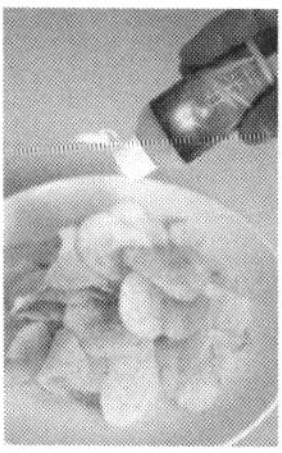 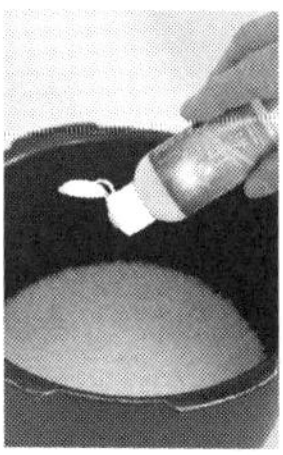 

◎「数霊 REIWA」で波動水をつくろう！

3つのモードから選択。
・S（ショート）…エーテル測定5回→アストラル転写（転写時間約4分）
・L（ロング）…エーテル測定5回→アストラル測定5回→エーテル転写→アストラル転写（転写時間約20分）
・C（カスタマイズ）…測定および転写を各々設定することができます。（転写時間最大60分）
※エーテル体は潜在意識の浅い意識を、アストラル体は潜在意識の深い領域を指します。

➡

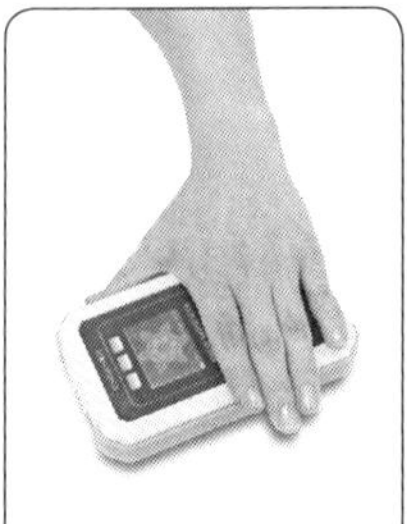

測定メニューを35の中から選択し、船井幸雄さん考案のエヴァマークの上に手を乗せ測定。

➡

測定が終了したら、水を乗せて波動転写。1日3回が目安です。
※水は蒸留水がおすすめ。ミネラルウォーターを使用する場合はミネラル成分の少ないものを。水道水は不向きです。

◎ 遠隔ヒーリングもできる！

4次元・5次元の意識世界では、情報が3次元の物理的な距離を超え、時空を超えて届けることが可能です。ご家族など遠くに住まれている相手の写真を用いて、双方の意識を重ねてみましょう。また、何も乗せずに部屋の中央で「11. 家土地のエネルギー」を選択すれば、場の空間浄化もできます。

数霊《かずたま》 REIWA

■198,000円（税込）
●サイズ：幅146㎜×奥行88㎜×高さ25㎜　●本体重量：235g　●消費電力：200mA　●付属品：ACアダプタ（USBケーブル）、取扱説明書、保証書、使用方法、Q＆A　●入力電圧：5VDC（直流）　●充電電流：500mA最大　●充電時間：4時間程度（完全放電状態からの時間）　●連続再生時間：3～5時間（新品バッテリ使用時）　●バッテリ容量：1250mAh　●バッテリ：リチウムイオン充電池3.7V、保護回路内蔵、電池の寿命目安1年（電池交換有償）　●内蔵メモリ：マイクロSDカード、FAT　●使用温度範囲：5℃～35℃

【お問い合わせ先】ヒカルランドパーク

＊ご案内の価格、その他情報は発行日時点のものとなります。

本といっしょに楽しむ ハピハピ♥ Goods&Life ヒカルランド

潜在意識にあるマイナス要因修正波動を水に転写！
35の測定メニューを搭載した最新波動装置

吉野内聖一郎氏

人は表面に現れない深層意識の奥深くにさまざまなネガティブ情報を抱えています。それが原因となって不調を招いたり、運がなかったり、トラウマを抱えたりなど、現実世界で望むような結果につながらず、深刻な事態を引き起こしてしまうケースも多々あります。そうした深層意識の奥深くに潜んでいるネガティブ情報を測定し、それを修正する波動を電位差でお水に転写する波動装置が「数霊《かずたま》 REIWA」です。

「数霊 REIWA」は、波動の大家・江本勝氏のもとで波動カウンセラーとして活躍された吉野内聖一郎氏が開発。従来の波動測定器で用いられていた5桁の波動コードを、古神道の秘儀である「数霊の法則」「魔方陣」を用いて独自解析。それまで未知だったコードも多数見つかり、波動装置としてさらなる発展を遂げました。

用意された35の測定メニューから項目を選び、繰り返し波動水をつくって飲むことで、3次元の肉体レベルを超えて、現実世界でのトラウマや不調などに変化を与えていきます。さらに、物への波動転写、空間のエネルギー浄化、写真など相手の情報を用いた遠隔ヒーリングも可能です。外部電源不要で操作も簡単。どなたでも本格的なセルフヒーリングができる画期的かつ実用的な最新波動装置として注目を集めています。

35の測定メニュー
（複数のテーマを同じ水に転写してもOK）

1. 世界平和／2. 人間関係／3. 天職／4. 電磁波／5. 感染症／6. 金運上昇／7. 勝負運／8. 恋愛運・結婚運／9. 子宝／10. 受験勉強／11. 家土地のエネルギー／12. 全チャクラ／13. 安眠／14. シェイプアップ／15. ブレイン／16. ヘアー／17. 女性フェロモン／18. 男性フェロモン／19. プロテクション／20. アレルギー／21. 痛み緩和／22. 健康管理／23. 視力／24. ホルモンバランス／25. 禁煙サポート／26. 聴力／27. 関節／28. 骨格／29. 筋肉／30. 呼吸器系／31. 口腔関連／32. 消化器系／33. 神経／34. 泌尿器系／35. 皮膚

自然の中にいるような心地よさと開放感が
あなたにキセキを起こします

神楽坂ヒカルランドみらくるの1階は、自然の生命活性エネルギーと肉体との交流を目的に創られた、奇跡の杉の空間です。私たちの生活の周りには多くの木材が使われていますが、そのどれもが高温乾燥・薬剤塗布により微生物がいなくなった、本来もっているはずの薬効を封じられているものばかりです。神楽坂ヒカルランドみらくるの床、壁などの内装に使用しているのは、すべて45℃のほどよい環境でやさしくじっくり乾燥させた日本の杉材。しかもこの乾燥室さえも木材で作られた特別なものです。水分だけがなくなった杉材の中では、微生物や酵素が生きています。さらに、室内の冷暖房には従来のエアコンとはまったく異なるコンセプトで作られた特製の光冷暖房機を採用しています。この光冷暖は部屋全体に施された漆喰との共鳴反応によって、自然そのもののような心地よさを再現。森林浴をしているような開放感に包まれます。

みらくるな変化を起こす施術やイベントが
自由なあなたへと解放します

ヒカルランドで出版された著者の先生方やご縁のあった先生方のセッションが受けられる、お話が聞けるイベントを不定期開催しています。カラダとココロ、そして魂と向き合い、解放される、かけがえのない時間です。詳細はホームページ、またはメールマガジン、SNSなどでお知らせします。

神楽坂ヒカルランド みらくる Shopping & Healing
〒162-0805　東京都新宿区矢来町111番地
地下鉄東西線神楽坂駅２番出口より徒歩２分
TEL：03-5579-8948　メール：info@hikarulandmarket.com
営業時間11：00〜18：00（１時間の施術は最終受付17：00、２時間の施術は最終受付16：00。イベント開催時など、営業時間が変更になる場合があります。）
※ Healing メニューは予約制。事前のお申込みが必要となります。
ホームページ：http://kagurazakamiracle.com/

ヒカルランド　好評既刊！

地上の星☆ヒカルランド　銀河より届く愛と叡智の宅配便

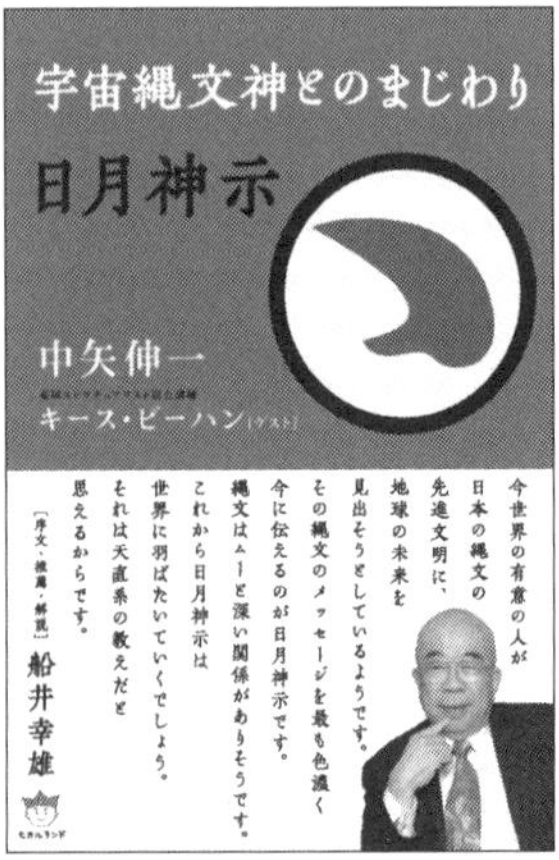

［宇宙縄文神とのまじわり］日月神示
著者：中矢伸一
序文・推薦・解説：船井幸雄
ゲスト：キース・ビーハン
四六仮フランス装　本体 1,700円+税

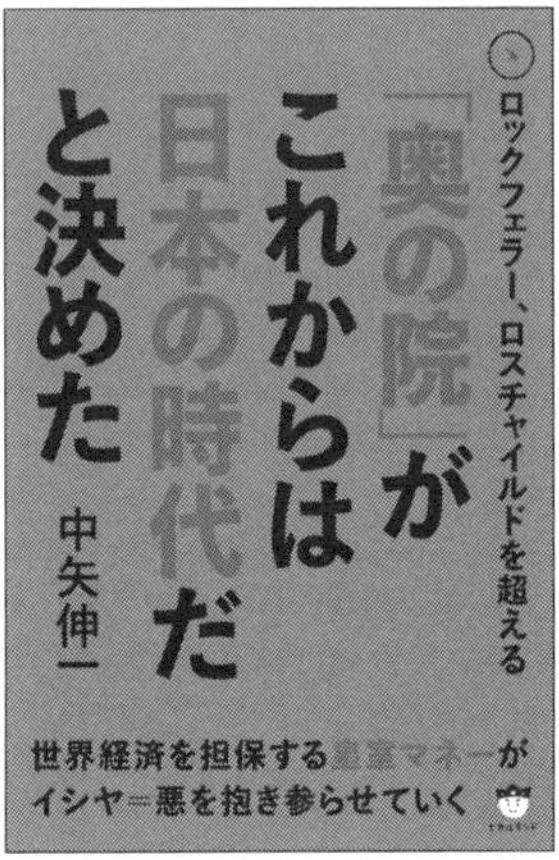

ロックフェラー、ロスチャイルドを超える「奥の院」がこれからは日本の時代だと決めた
著者：中矢伸一
四六ソフト　本体 1,667円+税

日月神示が語る今この時
著者：中矢伸一／内記正時／黒川柚月
四六ハード　本体 1,800円+税

日月神示　縄文サンクチュアリ
【麻賀多神社編】
著者：中矢伸一、ジュード・カリヴァン
四六仮フランス装　本体 1,700円+税

ヒカルランド　好評既刊！

地上の星☆ヒカルランド　銀河より届く愛と叡智の宅配便

増補改訂版［日月神示］夜明けの御用 岡本天明伝
著者：黒川柚月
四六ソフト　本体 3,000円+税

『日月神示』を直受しながら、天界の姿をこの世の写す雛型神業を演じていた岡本天明の知られざる足跡を明らかにした名著に新情報を追加。生誕150年目の出口王仁三郎から岡本天明へと託されたバトン予言！

奥山・中山・一宮の神業、榛名山神業、アマアカタ（印旛沼）鳴門神業、諏訪鳴門神業、瀬戸内鳴門神業、十和田湖神業、オワリの御用、タニワ（丹波）の御用、甲斐の御用など、岡本天明の神業記録は、『日月神示』を読み解く必須の「魂の航海図」！

天理教中山みきが「唐人コロリ」と預言し、法元辰二が作った「ひふみ」写本では五六七を“みろく”と読めずに“ゴロナ”の世と読んでいた。国難を打開するための、日月神示と伯家神道の神祭りの所作を追加！